PREFACE

Chères lectrices, cela fait une myriade d'années que je nourris le désir d'écrire. J'ai débuté par des poèmes durant l'adolescence, ce passage mouvementé parsemé d'embûches mais qui rend plus fort et expérimenté. Extérioriser mes états d'âme sur le papier m'a été d'un grand soutien.

J'ai aujourd'hui franchi le cap de la quarantaine. Je suis mariée, j'ai des amis, j'exerce un emploi et je suis mère de trois enfants. Une vie conventionnelle plutôt heureuse sans fioritures.

J'espère, en cette matinée bourgeonnante, donner naissance à quelque chose qui aura du sens, du cœur et de la sincérité, qui respire de partage, d'amour et d'authenticité. A un livre vivant dans lequel beaucoup de personnes se reconnaîtront, un livre qui me ressemble.

Je souhaite que cet ouvrage démystifie le mythe de la mère idéale, soit un appui psychologique, une source d'encouragement et de bien-être dans l'accompagnement de toutes « ces mamans » qui se remettent sans cesse en question, qui éprouvent des sentiments de culpabilité ou encore qui donnent trop d'importance au jugement.

Avant de découvrir ces pages magiques et vivifiantes, je vous mets directement dans l'ambiance : le maître-mot de « mère » est la bienveillance. Le contraire de « mère » est la perfection.

AVERTISSEMENT

J'avertis mes chères lectrices que ce livre est le fruit de mon unique expérience et de mon propre ressenti en qualité de mère de famille.
Toute ressemblance étrangère de près ou de loin est involontaire et contre mon gré.
Aussi, je ne suis pas une professionnelle mais une maman qui vous livre son témoignage et ses conseils, des informations tirées simplement de mes connaissances personnelles à travers quelques années d'échanges, de lectures, d'études et surtout de vie familiale.
Alors n'hésitez pas à vous rapprocher de véritables professionnels ou à lire de vrais ouvrages médicaux si besoin.
Je décline toutes responsabilités.

CHAPITRE 1

LA GROSSESSE, CE DESIR FOU

A la fin du XII e siècle, « grossesse » signifiait « dimension », « épaisseur » ou encore grosseur ». Ce n'est qu'en 1283 où l'on parle « d'état de femme enceinte, en pleine gestation ».
Pour celles qui ont été enceintes ou qui le sont, on aura bien compris pourquoi il y a « grosse » dans le terme « grossesse ».
« Avoir un polichinelle dans le tiroir » en France, ou « avoir un pain au four » au Québec, le résultat est le même !

On m'a dit que j'étais « une poule pondeuse » ! J'en ai eu « la chair de poule » ! On pense parfois tout connaître de quelqu'un, son passé vécu, ses torrents de larmes ou ses flots de rires. On se permet des jugements stupides et indécents. Comment peut-on deviner les épreuves qu'a traversées autrui ? Sommes-nous des livres ouverts ? Non ? Alors comment peut-on ne serait-ce imaginer, expulser ces mots avec notre langue de vipère ? Comment peut-on cracher son venin destructeur ? L'impact des mots, nous y reviendrons.

En effet, après deux années infructueuses à devenir maman, à multiplier les cascades endiablées et torrides, mon gynécologue me demande le métier exercé par chacun de nous. Comprendre quel est ce grain de sable dans les rouages. Mon mari était exposé à la radioactivité. Cela nuirait à la fertilité. Mon désir d'être maman était si fort qu'admirer des ventres ronds étrangers prêts à éclore, sourire aux femmes surgonflées qui portaient la vie, me faisait souffrir de chagrin. Tout marketing de produit en puériculture, que ce soit dans la presse ou dans l'audiovisuel, me brisait le cœur. J'avais l'impression que tout me renvoyait continuellement à ma frustration. Moi aussi, j'avais droit à ce bonheur ! J'avais l'impression que plus la maternité obsédait mes nuits et plus le blocage persistait. Comment peut-on désirer ce merveilleux et doux projet si intensément et que sa réalisation soit si longue ? Mon instinct maternel était pourtant indéniable. Mon désir le plus fou était de pouponner, de donner de l'amour à foison, de guider dans la tempête et de rire dans la complicité. Pourquoi certaines sont « mères-monstres » ou « mères-tueuses » ? Pourquoi la nature leur a offert ce cadeau si divin d'engendrer un enfant, alors qu'elles ont été démunies de toute bienveillance maternelle, de ce tendre devoir de protéger et de chérir, d'aider à la construction et à l'épanouissement? C'est injuste et cruel. La rage envahissait toutes mes entrailles.

MA FAUSSE COUCHE, MON INTERRUPTION NATURELLE DE GROSSESSE

Mon mari a changé de milieu d'activité. Ce test de grossesse était enfin positif ! Cette fois, un test d'ovulation avait fait ses preuves. A cette époque, je crois que ma pharmacie a dû accroître ses bénéfices. Nous étions si heureux !

Malheureusement, une fausse couche anéantit brutalement notre euphorie et nos espoirs, quasiment à l'issu des trois premiers mois, à un moment festif. La magie des Noël suivants ne s'est pas volatilisée pour autant. Ma crevette était restée accrochée à la muqueuse utérine, bien nichée confortablement. Mais son petit cœur avait cessé de battre. C'est pourquoi j'ai dû avaler, chez moi, sans assistance médicale professionnelle, des pilules provoquant des contractions extrêmement douloureuses. Puis je revois encore l'évacuation de ce précieux coffre ovale renfermant notre Trésor, englouti à jamais dans les abysses. J'avais aussi perdu énormément de sang. L'hémorragie était impressionnante. Nous avions eu un médecin incompétent au téléphone, que nous dérangions. J'étais au bord de l'évanouissement.

Je n'ai jamais compris pourquoi son destin était de voyager à travers les tuyaux de nos toilettes, ni pourquoi ce petit être n'avait pas été reconnu dans notre livret de famille. C'est pour moi une aberration indéniable. Il a tout de même été un être-vivant ! Par simple définition, si je ne me trompe pas, un être-vivant naît, a au moins une cellule, respire, s'alimente et grandit. Et il meurt... Je n'oublierai pas que j'ai porté la vie une première fois ni ses premiers achats : un pyjama jaune à rayures blanches, des figurines d'animaux en bois abritées dans une petite ferme joliment colorée, sans oublier quelques produits de toilette aux parfums tous les plus craquants et délicats les uns que les autres : « Ca sent trop bon le bébé ! »

Après deux ans d'efforts, d'espérance, d'émotions et d'excitation, d'une interminable attente mais sans avoir enduré le parcours lourd et épuisant de la procréation artificielle ou médicalement assistée, quel funeste aboutissement ! L'injustice, la frustration, le manque, le vide, l'impatience, l'irritation et la colère s'installent. Je n'ai pourtant ni consommé d'alcool, de drogue ou d'aliments avariés, ni participé à une activité sportive inadaptée, ni subi de chocs émotionnels. Mon choc émotionnel, c'est d'avoir vécu cela dans ma chambre, seuls, impuissants, allongée sur mon lit avec les jambes écartées, en criant de douleurs et surtout de m'être séparée de mon Bébé sans qu'il n'ait reçu une once de dignité et d'humanité. Où est l'éthique ? Dans nos souvenirs et notre cœur, tu resteras. On m'a dit pour me rassurer que c'était « le brouillon », « que la machine fonctionne », « que la prochaine fois sera la bonne », « que cela prouve quand-même que je peux devenir maman », « que la nature est bien faite, qu'il devait y avoir une anomalie et que c'était donc un mal pour un bien». Apparemment, tout comme un musicien insérerait une fausse note dans sa mélodie gribouillée sur le papier, on chiffonnerait la feuille en boule, pour tout recommencer. Une réécriture pour un succès.

On m'avait aussi proposé la technique médicale du curetage. Cette opération consiste à retirer au moyen d'une curette, votre embryon. Ce qui a tenté de se développer est aspiré pour pouvoir laisser la place vacante et douillette, dépourvue d'infections, à une prochaine grossesse.

Mais j'ai préféré la méthode en mon sens la plus naturelle « du cachet » pour ne pas risquer d'endommager l'utérus, cette cavité naturelle qui abrite la vie.

Je regrette un peu mon choix car j'aurais peut-être pu risquer ma vie. Lors d'un curetage à l'hôpital ou en clinique, il y a un entourage professionnel réactif et opérationnel. De plus, vous n'êtes pas spectateur de certaines choses traumatisantes et choquantes. Ce n'est en effet pas du tout jouissif, je vous l'assure, de comprendre que ce qui se trouvent sous vos yeux larmoyants et fatigués ou sous vos pieds aspergés de sang, sont l'œuf et son embryon. Autant ouvrir un ouvrage en Biologie.

MAXIME

Six mois plus tard, je suis enceinte de Maxime.

Une première échographie a confirmé qu'un seul petit pois avait bien germé in utéro.

A la seconde échographie, on m'annonce que Maxime serait atteint de mégavessie car sa vessie est de taille anormale. C'est une pathologie rare. J'en retiens que la grossesse ne serait pas menée à son terme et pourrait conclure à une interruption volontaire de grossesse pour raison médicale, ou que mon enfant aurait une trop courte vie. En effet, ses organes seraient compressés jusqu'à exploser en fonction du développement de cette mégavessie. Un scénario horrible.

J'ai donc été suivie par un Professeur renommé, au service diagnostic prénatal d'un hôpital. Il réfute la théorie de la mégavessie au vu des mesures de la vessie, pas suffisamment importantes. Pourtant, sur l'échographie, je vois une gigantesque tâche noire qui prend toute la place. Le Professeur me conseille de subir une amniocentèse. Du liquide amniotique entourant le fœtus sera prélevé, afin de déceler d'éventuelles anomalies chromosomiques. Une vessie de taille anormale peut en effet être le signe d'une trisomie. Nous entendons souvent parler de la mesure de la clarté nucale, c'est à dire l'épaisseur de la nuque fœtale. Mais il faut croire que d'autres indices peuvent nous interpeller. Après cet examen indolore malgré cette longue aiguille transperçante comme l'éclair, je peux à peine marcher.

Le Professeur avait procédé à une échographie juste avant cet examen et comme par enchantement, peut-être grâce à mes mots d'amour associés à mes caresses ventrales, mes prières ont été exhaussées. Le corps médical a dû me convaincre pour que je l'autorise à pratiquer cette amniocentèse. J'avais peur de déclencher une fausse couche car le risque est estimé à 1 cas sur 300. Le Professeur préférait que je poursuive sereinement ma grossesse, sans éventuelles complications. Il me rappela qu'à un instant bien précis, un accroc s'est incrusté dans le tissage du programme.

Après trois semaines de longue attente, le résultat est irrévocable : mon bébé est normal ! Je peux enfin continuer à l'aimer de plus en plus fort sans retenue et attendre sa venue avec béatitude !

La suite de ma grossesse a en effet été plus douce et plus paisible.

A l'accouchement, le rythme cardiaque de Maxime était faible. Son papa a dû être sorti de la chambre d'accouchement précipitamment et dans la stricte urgence. Comment rendre le plus magnifique jour du papa en une journée cauchemardesque ? J'étais en insuffisance respiratoire. La question de la césarienne commençait à s'imposer. Il régnait un climat de tension palpable où tout semblait se bousculer. Maxime et moi étions en danger. J'ai le masque à oxygène. Je me sens partir dans un épais brouillard. Ma vue et mon discernement se troublent. Une force inexpliquée envahit mes entrailles. Il fallait que je reprenne le contrôle. J'avais pour mission de donner la vie à notre enfant tant désiré !

Une ultime poussée et Maxime naît avec une plagiocéphalie unilatérale, peut-être due à la tentative d'utilisation excessive du forceps et de la ventouse, quand sa tête était déjà bien engagée. Quelques tours de baguette magique chez un ostéopathe ont gommé cette malformation remédiable. Une coupe de cheveux adéquate permet aussi un bon camouflage.

Il ne faut jamais baisser les bras quoiqu'il arrive. N'oublions pas que la vie est un lot de douceurs et de douleurs, de tristesse et de joie. Parfois, un obstacle en amène un autre. C'est le parcours du combattant. On pense qu'on n'y arrivera jamais. Quand on est maman, même épuisée, une boule d'énergie est toujours prête à sortir de sa cachette. Aujourd'hui, notre fils Maxime est un beau jeune homme intelligent, droit et surtout épanoui.

J'ai bien pris conscience durant cette étape de vie, à quel point le monde peut être nombriliste. Je crois qu'un « petit malheur » à soi est colossal comparé à une « grave affliction » d'un autre. J'ai vraiment surpris des gens à minimiser, voir même à faire preuve d'indifférence totale, face à cette traversée tumultueuse.

LEO

Deux ans plus tard, je suis enceinte de Léo.

Cette grossesse s'est plutôt déroulée placidement. Mais la perfection étant une chimère, sinon on s'ennuierait n'est-ce-pas, on crût bon de me divulguer qu'il n'y a qu'une seule artère au cordon ombilical. A cause sûrement des gens procéduriers, maintenant, tout est révélé à travers l'échographie, ce qui dénote une relation de confiance discutable. L'intégralité de ce qui est vu est dépeint avec des mots pas toujours puisés dans la délicatesse. Si le praticien se sent ainsi couvert en usant de la transparence, il y a aussi, à mon humble avis, plus de probabilité pour que la patiente s'inquiète.

Très peu de grossesses sont touchées par cette anomalie anatomique. Cela ne présenterait que rarement de futures séquelles, par exemple des retards de croissance, des malformations cardiaques ou rénales, des maladies chromosomiques, des troubles du développement du système nerveux central ou des troubles du développement des muscles et du squelette. On me précise tout de même qu'il n'y a rien de dramatique, que les grossesses arrivent facilement à terme tout autant que les autres, même avec cette particularité.

Léo est né presque quatre semaines en avance, peu de jours après l'arrêt de mon traitement anti-contractions. J'avais en effet eu des contractions très tôt, dès le quatrième mois, d'où la prescription d'un médicament permettant de relaxer les muscles utérins et de suspendre les contractions. J'ai donc été très vite en arrêt maladie, devant privilégier le repos pour éviter les efforts physiques.

Léo est aujourd'hui un adolescent en parfaite santé, adorable, sympathique, plein de ressources, un comique hors pair, très touchant et attachant. Je l'appelle souvent « mon enfant magique » car il a déjà une logique de vie, une maturité implacable du haut de ses treize ans, un sens de l'humour accru et communicatif, une philosophie de la vie à la fois étonnante et bouleversante. Il nous surprend par ses répliques attendrissantes qui font sourire : « Maman, si tu es au bout du rouleau, tu n'as qu'à le renrouler ! ». Je partage avec vous un de ses derniers messages : « Coucou maman, j'aimerais juste te remercier pour tout ce que tu nous fais, tu nous donnes tellement de bonheur, tellement de gentillesse, qu'on ne se rend plus compte de ce que tu vaux réellement. Pour cela je te remercie énormément. Je suis énormément conscient de tout ce que tu fais. Tu te donnes beaucoup de mal pour nous. Je t'aime fort ».

ROSE

Encore deux ans plus tard, arrive une jolie éclosion d'un petit bouton qui s'ouvre à la vie. Notre magnifique Rose voit le jour.

Durant cette grossesse, je n'ai pas non plus connu le luxe d'être sereine. J'ai perdu mon grand-père, une belle âme avec qui j'étais proche. Je l'ai approché et embrassé, enlacé lorsque son corps était encore inerte et froid comme le glacier Russel du Groenland. Je voulais même participer à la préparation de son enveloppe corporelle afin qu'il soit digne autant qu'il le méritait pour son grand voyage, l'accompagner jusqu'à la dernière seconde, jusqu'à son accueil divin aux cieux.

Il semblerait que parfois un état affectif intense peut nous échapper. Si la sensibilité ne fait qu'un avec soi, cette émotion éprouvée peut être inconsciemment banalisée. Le fœtus peut ressentir notre tristesse ou à l'inverse notre joie.

A la visite gynécologique qui suivait, Rose n'avait pas des os développés dans la norme. Sa croissance stagnait. Il y a eu comme un arrêt sur image depuis la dernière échographie. Notre bébé était-il atteint de nanisme ?

A chaque échographie, on a hâte de toucher des yeux notre chérubin. Avec l'évolution technologique, nous sommes excités de découvrir une bouille approchante de la réalité, s'identifiant au mélange de nos deux portraits, traits pour traits. Mais cet onctueux plaisir a vite été interrompu à notre plus grand désespoir.

On m'a demandé si j'avais été exposée à une situation inédite perturbante. Je revois mon grand-père parti trop tôt vers les anges. Je ne pensais pas avoir été autant marquée. Quelques fois, nous ne nous rendons pas compte à quel point nous sommes perméables aux évènements malheureux. Un drame peut faire effet boule de neige sans que nous ne nous en rendions compte.

Quand vous êtes enceintes, fuyez toutes circonstances bouleversantes, pouvant engendrer une émotion trop forte à gérer. L'ébranlement intérieur que nous subissons peut se faire très discret et nos fonctions internes peuvent se dérégler indépendamment de notre volonté.

J'ai donc reçu un suivi qui sort de l'ordinaire afin de contrôler assidûment le bon déroulement de ma grossesse. Le deuil de mon grand-père a permis le bon rétablissement de Rose et les mesures morphologiques prises à travers les échographies sont devenues satisfaisantes.

Au final, notre Rose détenait le record de poids et de taille en comparaison avec ses frères ! Aujourd'hui, c'est une charmante brindille qui ne cesse de s'épanouir en partageant sa gentillesse.

Encore une fois, ce n'est pas parce que nous traversons de dures épreuves que nous ne connaîtrons pas le bout du tunnel. Il faut toujours garder en soi cette petite lueur d'espoir, cette bougie qui ne s'éteint jamais dans le noir. Quoiqu'il arrive, il ne faut pas désespérer et garder son optimisme. Cela ne sert à rien d'user de l'énergie à se morfondre ou d'anticiper le pire. Vous ne seriez pas objectifs et choisiriez les mauvaises décisions. Le stress est toxique, apprenez la détente. Pour aller de l'avant, il faut avoir la conviction de pouvoir atteindre son rêve. Ne vous inquiétez pas, vous triompherez au bout du chemin !

MES SYMPTOMES DE GROSSESSE

Je pense avoir connu tous les symptômes inhérents à la grossesse. *La prise de poids* ! 20 kg à chaque fois ! *Les hémorroïdes* qui face à un traitement médicamenteux ou à un coussin bien moelleux, prennent toujours le dessus ! Les aliments un peu épicés sont à éviter. *Les aigreurs d'estomac* qui n'aident pas à soulager *les nausées* ! Mais la banane m'a rendu un grand service pour soulager mon estomac. Les tisanes à la menthe, au fenouil, à la camomille ou au gingembre peuvent aussi vous être d'un grand secours. Une eau citronnée m'a aussi permis de combattre certaines nausées. *Les jambes gonflées*, gorgées d'eau, qui ont l'apparence de larges poteaux. Faites attention à *la phlébite* qui vous guette ! Pour pallier à ce problème, je me suis parée de bas de contention qui aujourd'hui ne sont pas ridicules. Vous ne perdrez pas votre sensualité ! Je me massais aussi les jambes avec du gel glacé apaisant. Pour améliorer la circulation sanguine, vous pouvez consommer de la vigne rouge en infusion, ou l'utiliser en baume ou en gélules. Je me permettais même de prendre quelques carrés de chocolat noir contenant au minimum 70% de cacao. Non seulement le chocolat est une arme anti-déprime mais son magnésium aide à avoir un sommeil de qualité. C'est un vrai allié pour les femmes enceintes. La circulation sanguine renforcée, le placenta jouerait davantage son rôle et le développement fœtal aurait un coup de pouce non négligeable. Attention, je ne suis pas médecin, je partage juste mes remèdes personnels! Au moindre doute, il faut consulter un spécialiste adapté à vos maux. J'ai connu également *le changement de goût* de mes plats préférés. Si vous voulez continuer à en profiter post-partum (la période qui suit votre accouchement), je vous conseille de ne pas persévérer à les consommer. Vous pourriez conserver le dégoût. Vos papilles vous joueront des tours durant votre grossesse ! J'ai également rencontré *les sautes d'humeur, la constipation, les vomissements, les malaises et les vergetures !* N'hésitez pas à vous envelopper sans modération d'épaisses couches de crème anti-vergetures. Votre peau en s'étendant au fil des mois, risque de craquer. Il faut l'hydrater pour lui apporter plus de souplesse.

On n'a rien sans rien ! Il faut croire qu'il faut mériter son bébé ! Une fois que nous avons réussi à franchir toutes les étapes, nous pouvons décrocher le pompon et on a enfin le droit non pas de refaire un tour de 9 mois car se reposer en apprenant à être maman est primordial, mais de blottir notre chef d'œuvre au creux de nos bras, ce qui n'est pas une mince récompense.

Ne vous plaignez pas, la gestation chez l'éléphant dure vingt-deux mois ! Je sais, la durée de gestation d'une souris est de trois semaines. Seulement, vous serez d'accord pour dire que nous ressemblons davantage à une baleine dont la durée de gestation est de onze mois, plutôt qu'à une souris?

Quoiqu'il puisse nous arriver durant notre grossesse ou notre accouchement, honnêtement, on oublie vite. On prend tellement conscience que le jeu en vaut la chandelle, que nous sommes prêtes à affronter tous les désagréments ! Notre Bébé est tellement la huitième merveille du monde que le reste perd de son importance et de sa gravité. Même Zeus à Olympie, sculpté sur son trône, n'a qu'à bien se tenir !

Je pense qu'il faut savoir ressortir plus fort et plus armé des mauvais épisodes de notre vie. Les déboires sont des apprentissages. Les pages se tournent et l'avenir peut être embelli dans son écriture. C'est vous qui construisez votre propre avenir que vous avez en mains ! C'est au présent que débute l'avenir par notre manière de penser, de raisonner, de réagir, de décider et de solutionner par des actions.

CE QUE VOUS ENTENDEZ

Durant votre grossesse ou après la naissance, vous pouvez entendre toutes sortes de conseils et de remarques quant à l'installation de la chambre de Bébé, le matériel de puériculture, votre activité et votre alimentation, les rythmes et les soins de Bébé, l'éducation... Il faut en prendre et en laisser.

Encore une fois, la bienveillance vous permettra de déclencher vos bons comportements, positifs pour votre petit ange. C'est important d'être en accord avec soi-même pour se sentir bien. C'est un peu comme deux êtres qui forment un couple. Chacun pourrait renfermer un nombre illimité de qualités, qu'il pourrait malgré tout ne pas convenir à quelqu'un d'autre. Donc à chacun sa recette pour mener à bien sa vie de maman, qui pour moi, commence dès le désir de materner.

L'entourage a parfois envie ou besoin de partager son expérience, ses connaissances et son savoir-faire, même si ce ne sont pas forcément des méthodes qui vous conviennent. Ne vous offusquez pas, ce n'est pas le moment de vous quereller avec vos proches. Vous pouvez les écouter d'une oreille, ne conservez que ce qui peut vous rendre service, vous tirer vers le haut et vous consoler. A l'inverse, catapultez tout ce qui vous semble néfaste ou angoissant, tout en remerciant votre interlocuteur-conseiller.

Vous pouvez également appliquer cela lors de votre séjour à la maternité. Pensez qu'une fois rentrée chez vous, vous serez libre d'agir comme bon vous semble.

La bienveillance suffit pour être une bonne mère. L'essentiel est d'embarquer de son mieux dans ce périple instructif, avec nos moyens à bord. Bien-entendu, les conseils restent toujours les bienvenus car ils peuvent rendre service et rassurer, surtout s'il s'agit de votre premier enfant.

Une petite anecdote ? On nous a déjà fait sous-entendre que si nous avions trois enfants, c'était parce que nous attendions « la fille ». Cela est totalement faux, même si bien évidemment c'est enivrant de connaître ces deux liens : mère-garçon ett mère-fille. Nous avons toujours été désireux d'une famille nombreuse avec une grande tablée pour vivre des moments d'amour, de bien-être, de complicité et de partage, qui n'ont pas de prix. Nous voulions même trois ou quatre enfants. Le tirage au sort aurait très bien pu être aléatoirement trois garçons ou même trois filles.

Mais tout comme la lionne ne garde pas ses petits indéfiniment dans sa tanière, je sais que nos enfants voleront de leurs propres ailes. Il me tenait donc à cœur de conserver une vie active dans laquelle la vie professionnelle aurait aussi son importance. Nous sommes comblés par nos trois enfants.

CHAPITRE 2

MIX DE MES GROSSESSES MOIS APRES MOIS

Mon 1er mois
De 1 à 6 semaines d'aménorrhée

A la troisième semaine d'aménorrhée, mon test de grossesse est positif ! L'hormone HCG est enfin détectée ! Un spermatozoïde a pénétré l'ovule. Chouette, il y a donc eu fécondation ! L'œuf commence à se développer dans le cœur de mon utérus pour s'y nicher douillettement. La muqueuse utérine s'épaissit et un nouveau réseau de vaisseaux sanguins va assurer les échanges nutritifs et l'évacuation des déchets. C'est la circulation fœto-maternelle. Un bouchon de glaire va fermer cette « maison ». Quand j'ai perdu les eaux, j'ai été réveillée par la détonation de l'éclatement de ce bouchon muqueux.
Chaque cellule naissante sera programmée pour être tel ou tel organe, le système nerveux, l'appareil digestif et respiratoire, le squelette, les muscles, le cœur, l'appareil urinaire etc. Tout est déjà minutieusement calculé pour un futur fonctionnement de ce petit être humain. Quand on y pense, c'est une incroyable machine magique, vous ne trouvez pas ? Mais la moindre fausseté dans ce mécanisme risquerait d'arrêter le processus. En effet, si l'embryon cesse de se développer, c'est la fausse couche, dont je vous ai déjà parlé. Aujoud'hui, on parle d'interruption naturelle de grosssesse.
Les vomissements et le changement de goût des aliments sont mes principaux indices de grossesse.

Mon 2ème mois
De 7 à 10 semaines d'aménorrhée

Mon utérus grossit encore. Mes intestins et ma vessie se compriment un peu. Ma crevette est au stade d'embryon, mesure 3 cm et pèse 3 g. Je parle de crevette car Bébé est composé de 3 parties : la tête, l'abdomen et les membres. Ses p'tits bras et ses p'tites jambes vont se développer. Sa tête, volumineuse, paraît disproportionnée par rapport au reste. Il faudra attendre pour que le cerveau dans sa boîte crânienne apparaisse. L'embryon s'humanise progressivement. Le système nerveux et la circulation sanguine se développent, ainsi que le cœur, l'intestin, le pancréas et l'appareil urinaire. Les cellules sexuelles naissent mais il est encore trop tôt pour distinguer le sexe. A quand les tests pour connaître le sexe de l'enfant ? Ce serait satisfaisant de pouvoir assouvir notre curiosité et notre impatience.

Mon 3ème mois
De 11 à 15 semaines d'aménorrhée

Je fais ma première échographie à la 12ème semaine d'aménorrhée. Elle sera pratiquée par voie abdominale et par voie vaginale pour plus de précisions. Elle permet de connaître le nombre d'embryon(s), de dater ma grossesse et de connaître la date de mon terme, donc de mon accouchement. C'est évidemment une estimation, car tout dépend aussi de la manière dont nous vivons notre grossesse. Cela me permet d'avertir mon employeur pour bénéficier d'avantages grace à la convention collective. Mon congé maternité peut donc être déterminé.
Mon utérus prend encore de l'ampleur. Mon rythme cardiaque s'accélère tandis que celui de bébé galope à 170 battements par minute, environ le triple du mien. Bébé mesure 10 cm et pèse 40 g. C'est le déploiement de la respiration tandis que ses reins jouent pour la première fois leur rôle. La jolie bouille de Bébé commence à se dessiner, alors qu'il déguste le liquide amniotique dans lequel il baigne. Mais c'est grâce au placenta que Bébé s'alimente et s'oxygène. Le placenta a aussi une fonction protectrice par rapport aux microbes, aux toxines et au gaz carbonique. Comme vous le savez, le cordon ombilical relie Bébé au placenta. Je fais attention à ce que j'ingère, car ma consommation est aussi celle de ma douce progéniture. Je trouve en effet bien triste et malheureux de savoir que des bébés naissent avec un syndrome de sevrage néonatal (fièvre, convulsion, difficultés pour s'alimenter, tremblements, cris et pleurs) à cause de la drogue, de l'alcool ou de la nicotine. Des complications médicales peuvent aussi survenir. N'hésitez pas à vous faire aider, il n'y a aucune honte, bien au contraire ! N'ayez pas peur du jugement, pensez à votre bien et à celui de Bébé. Vous pourrez être fière de vous !
A la fin de ce trimestre, l'embryon devient fœtus.
Je n'oublie pas de déclarer ma grossesse avant la fin du troisième mois pour bénéficier de la prise en charge auprès de la Caisse Primaire d'Assurance Maladie (CPAM) et de la Caisse d'Allocations Familiales (CAF).
Il n'y a pas d'obligation légale pour annoncer sa grossesse à son employeur. Cependant, vous devez le prévenir des périodes de votre congé maternité pour justifier votre absence. Cela peut permettre à votre employeur de prévoir le remplacement provisoire à votre poste. Vous formerez peut-être la

personne qui vous remplacera. Dans tous les cas, pour un meilleur rapport avec son employeur et par respect, il est préférable de le prévenir dès que vous êtes certaine de votre état de grossesse. Il pourrait ainsi être conciliant et compréhensif dans la charge de travail, vos pauses et même vous proposer un planning adapté. Certaines conventions collectives prévoient des aménagements, alors ne passez pas à côté, ce serait dommage. Si l'entreprise qui vous emploie possède un comité d'entreprise, n'hésitez pas à vous en rapprocher pour prendre connaissance des éventuels privilèges dont vous pourriez bénéficier.
A ce stade, je suis vraiment rassurée car on se le dit toutes, une fois les trois premiers mois écoulés, la grossesse est certaine. C'est souvent à ce moment-là que nous divulguons notre secret, surtout quand on a connu une interruption naturelle de grossesse. C'est toujours pénible d'annoncer la perte de son Bébé.

Mon 4ème mois
De 16 à 19 semaines d'aménorrhée

Mon ventre commence à bien s'arrondir et on entrevoit mon image de future maman. Je prends doublement conscience de mon état de grossesse. Je vis pleinement ma grossesse car le premier trimestre étant écoulé, le risque de fausse couche est logiquement exclu. Mon bébé mesure 17 cm et pèse 150g. Son squelette et ses muscles se fortifient. Il a le sens du toucher. Il peut jouer avec le cordon ombilical et mettre déjà le pouce dans sa bouche. J'ai la chance d'avoir des petites photos de l'échographie trop mignonnes avec Bébé suçant son pouce. J'ai découpé cette photo que j'ai immortalisée dans un album photo. Des échographies peuvent déjà être complètement craquantes. Un grand merci à la technologie et au juste clic du gynécologue !

Mon 5ème mois
De 20 à 24 semaines d'aménorrhée

Les fonctions du cerveau commencent à entrer en action. Des mouvements-réponses apparaissent. Je passe une échographie à la 22ème semaine d'aménorrhée pour vérifier que tous les organes et tous les membres soient à leur place. D'éventuelles anomalies du développemment ou morphologiques peuvent être décelées. Je souhaite que le sexe de mon enfant me soit divulgué. Je sais si j'attends un prince ou une princesse !
Je subis une amniocentèse. Mon bébé a lui-même le réflexe de s'écarter de l'aiguille à son contact.

Si vous devez pratiquer une amniocentèse, je conseille de prendre un congé ou un arrêt de travail le lendemain. Il est en effet préférable de se reposer, surtout si vous avez un peu de mal à marcher comme cela fût mon cas à la suite de cet examen.

Mon 6ème mois
De 25 à 28 semaines d'aménorrhée

Bébé mesure 30 cm et pèse 750 g. Il n'est que fœtus mais il ressemble davantage à un véritable Bébé. Ses os se durcissent encore et la nouveauté est qu'ils s'articulent. Bébé fait en moyenne 20 à 60 mouvements par demi-heure. Je peux bien le sentir bouger. Quand il dort, il se met recroquevillé dans la fameuse position fœtale. Sa peau est fripée car il nage dans le liquide amniotique. C'est un peu comme quand nous ressortons du bain, nous avons la peau toute flétrie. D'ailleurs, j'ai entendu dire qu'il s'agissait d'un héritage de nos ancêtres. Une peau fripée leur aurait permis de mieux grimper aux arbres, de chasser, cueillir et pêcher plus aisément par l'accroche de leurs mains et pieds fripés. C'est pourquoi le vernix, une substance grasse et épaisse, protège nos Bébés in utéro. Léo, qui est né plusieurs semaines en avance, en était recouvert à la naissance. Après le sens du toucher, Bébé a le sens de l'odorat et du goût. Des molécules odorantes dans le liquide amniotique sont liées à mon alimentation.

Mon 7ème mois
De 29 à 32 semaines d'aménorrhée

A la fin du 7ème mois, il m'arrive de commencer à moins sentir mon bébé, cela est tout simplement dû à un manque de place car il grossit ! Au moindre doute, à la moindre crainte, je n'hésitais pas à me rendre aux urgences. Bébé entend les bruits provenant de l'organisme maternel mais aussi les sons extérieurs. Il n'entend pas les voix graves donc les sons de son papa peuvent lui être méconnus si la fréquence est trop basse pour être perceptible. Je peux déjà lui faire écouter de la musique mélodieuse, des comptines enchantées ou mes tubes préférés.

Mon 8ème mois
De 33 à 36 semaines d'aménorrhée

Ses os se solidifient, sa peau devient un peu rosée, ses ongles poussent. Son cerveau et son système immunitaire sont presque totalement développés. Un accouchement est considéré prématuré quand il a lieu avant la 36 ème semaine d'aménorrhée. Certains bébés naissent à 6 mois révolus de grossesse et l'avancée médicale, les progrès en médecine leur permettent de continuer à se développer hors utéro. Ils jouissent bien-entendu d'une attention particulière de par leur fragilité. Mais il vaut mieux passer toutes les étapes des 9 mois de grossesse pour un bébé vigoureux en pleine santé. Cela étant, c'est pour cette raison que je ne me suis pas inquiétée, une fois arrivée à ce stade de ma grossesse. La venue de Bébé est donc réalisable dans de bonnes conditions durant ce 8ème mois. J'ai vraiment hâte que mon enfant naisse pour devenir une mère accomplie, mais aussi pour retrouver ma souplesse, ma motricité, ma liberté de mouvements. Le temps me paraît long. Je pense beaucoup à notre premier rendez-vous peau à peau. Je me sens déjà sur un petit nuage, pleine de bien-être, de joie et d'excitation.

Mon 9ème mois
De 37 à 41 semaines d'aménorrhée

Bébé commence à s'appeler Désiré(e). J'ai hâte de le blottir au creux de mes bras, de respirer son odeur, d'approfondir cette ardente connexion, de le découvrir sous toutes les coutures, de faire sa captivante connaissance ! Mais il se fait une beauté. C'est l'heure des finitions. Sa chambre ou son petit coin (chacun fait comme il peut) sont prêts. Nos valises pour la maternité sont bouclées. Ma vie va basculer vers un tout autre bonheur, vers d'autres responsabilités. C'est la fin des tracas avec les désagréments de la grossesse, sauf que je me traîne tellement que j'ai envie d'empiler le bois dans le garage moi-même, pour faire face à l'hiver ! Si je pouvais provoquer ces fameuses contractions !

Après avoir mangé copieusement, je prends ma douche le soir pour me tenir prête. A savoir que je suis toujours partie de nuit !

Je suis réveillée en plein sommeil. J'ai perdu le bouchon muqueux. Le sac amniotique est craqué. Les draps sont mouillés. Je reprends une douche. Il est déconseillé de prendre un bain pour éviter la rentrée de microbes.

Mon conjoint m'emmène à la maternité. Je perçois ce cocktail d'angoisse et de satisfaction dans son regard.

Durant le trajet, je commence à avoir des contractions de plus en plus rapprochées. Mon sphincter se relâche avant l'arrivée à la maternité. Je suis accueillie avec un nécessaire de toilette et un fauteuil roulant. Je ne ressens aucune gêne tellement j'ai une mission bien plus importante et palpitante à relever.

Et je reprends encore une douche. Mes pensées sont toutes tournées vers ma petite Merveille qui va venir au monde.

La dernière échographie laisse présager un accouchement rêvé. Mon col est ouvert à 5 cm. Il faut savoir que le col de l'utérus doit être ouvert à 10 cm pour permettre le passage de Bébé.

Une péridurale dosée à souhait me permet un accouchement à la fois indolore et vivant. Je participe activement à la naissance de notre enfant.

Les encouragements et les caresses du Papa, l'ambiance musicale et la bonne humeur des Blouses blanches, m'accompagnent positivement.

Quatre heures après notre prise en charge, notre Trésor pointe le bout de son nez. Ce sont des pleurs de joies. Ce sont des cris de bonheur.
Il pèse 3 kg 650 d'amour et mesure 51 cm de félicité.

MA VALISE ET CELLE DE BEBE

Ne mélangez pas vos affaires.
Une bonne organisation évite la panique.
Vous retrouverez ainsi tout du premier coup.

POUR VOUS	POUR BEBE
- n'apportez que des vêtements de grossesse ! Ne faites pas la même erreur que moi. Ce n'est pas parce que vous venez d'accoucher que vous allez retrouver votre corps svelte d'origine. Sinon vous allez devoir mettre une sorte de blouse bleu clair ou un pyjama bleu clair à l'effigie de l'hopîtal ! Attendez un peu pour la sensualité. Des culottes jetables en grande quantité suffiront. - des couches longues et épaisses spéciales nuit et pour règles abondantes. - du spasfon et du dolipran pour les douleurs. Surtout si vous allaitez, vous pouvez avoir encore quelques légères contractions quasiment indolores. - votre nécessaire de toilette habituel. - privilégiez un produit destiné à la toilette intime. - un spray à eau (le papa peut l'apporter à l'accouchement) pour vous en mettre un peu sur votre visage pendant l'effort. Ce rafraîchissement peut vous donner un regain d'énergie. - serviettes et gants - des magazines à lire pour vous détendre pendant la sieste de bébé. - votre téléphone portable pour donner et recevoir des nouvelles. S'il vous manque quelque chose, le papa pourra vous l'apporter. - vos boissons et gâteaux préférés pour vous faire plaisir et vous booster avant la reprise en mains lors de votre rééquilibrage alimentaire après la naissance de votre enfant.	- 7 changes, préférez des pyjamas une pièce ou deux pièces dont le haut s'ouvre dans le dos, sur le ventre ou sur les côtés. Bébé se sent à l'aise dedans, c'est molletonné. Et n'oubliez pas que c'est plus simple d'habiller bébé ainsi. Les petits sous-pulls à col roulés vous stresseraient en tentant d'enfiler la tête de bébé sans lui faire mal. Vous aurez bien le temps de le faire tout beau d'une autre manière. Suivant le poids annoncé de votre bébé, mixez les tailles : du naissance et du 1 mois ou du 1 mois et du 2 mois. - 2 gilets ou plus en fonction de la saison. Mais il ne faut pas oublier que bébé était bien au chaud dans votre ventre, été comme hiver, il aimera avoir bien chaud. Cela évite le choc thermique. Bébé doit s'adapter tout doucement à l'extérieur. Il ne faut pas aussi perdre de vue qu'un bébé régurgite souvent ou tout simplement bave régulièrement. Il vaut mieux en avoir trop que pas assez. Cela vous évitera aussi de stresser. - son doudou - sa tétine - des couches de naissance - des lingettes nettoyantes - de grands carrés de coton avec des lotions nettoyantes et rafraichissantes. Plusieurs marques s'offrent à vous. - des pipettes de sérum physiologiques - un petit peignoir et des serviettes douces pour le bain de bébé - pour la sortie : un bonnet, une combinaison chaude, un petit couffin ou directement le siège auto adapté.

VOTRE SEJOUR A LA MATERNITE

Ce qui me revient directement, c'est l'incitation à l'allaitement et ma gaucherie pour mon premier enfant. Il n'y a aucune honte à avoir. C'est en s'exerçant que l'on acquiert nos habiletés. Il faut aussi se laisser le temps d'apprendre et de connaître.

Souvent, notre maladresse est causée par le stress, lui-même créé par notre volonté d'être une maman exceptionnelle et irréprochable. Or, nous ne devenons efficaces qu'avec l'expérience. Mais la perfection n'existe pas. Ne soyez donc pas trop exigeantes avec vous-même. Prenez le temps d'assimiler le métier de maman tout en apprenant à connaître votre bébé. C'est ensemble que vous relèverez ce nouveau défi. Tout se fait naturellement.
Encore une fois, l'essentiel est la bienveillance. Les qualités requises sont la douceur, la patience et la gentillesse. Si vous commettez des erreurs, ce n'est pas grave. Le principal est de faire de son mieux. Je vais vous faire sourire. On dit que le premier enfant essuie les plâtres...En soulevant mon bébé pour sentir s'il avait fait dans la couche, je lui ai cogné la tête dans un lustre... Je lui ai aussi cogné la tête dans son mobile en voulant le coucher dans son lit à barreaux... J'ai également donné des biberons à tort, à cause de pleurs nocturnes, alors qu'il s'agissait peut-être de pures coliques que j'ai sûrement dû amplifier... J'ai laissé mon bébé s'endormir dans sa balancelle une nuit, parce que je me suis moi-même endormie à côté... Il m'est arrivé de ne pas penser à certaines choses ou d'en oublier d'autres... Ce n'est ni de la négligence et ni de la maltraitance. Les imprévus et la submersion existent. L'inconnu et la nouveauté surprennent. Nous ne pouvons pas toujours tout contrôler ni toujours tout maîtriser. Ceux qui vous critiqueront ne seront pas vos alliés. Ne les écoutez pas, ils ne feront que vous faire douter et le manque de confiance entraîne des bévues de tout genre et de l'anxiété.

A la maternité, on ne peut guère laisser libre cours à notre liberté et à nos envies. Le personnel nous préconise l'allaitement car le colostrum (premier lait ingéré par Bébé après l'accouchement) est très nourrissant. Mais c'est aussi pour le lien mère-enfant, ce toucher ne faisant plus qu'un entre deux êtres, que l'allaitement est recommandé. C'est pour renforcer le lien maternel, éviter les rejets et les abandons. L'affectif peut ainsi se développer ou trouver un véritable déclic. Je n'ai jamais apprécié l'allaitement car pour moi, le sein est une zone érogène, une partie de mon corps que je juge intime et liée au plaisir. De plus, un sein n'étant ni transparent et ni gradué, nous ne voyons pas ce que bébé ingurgite et il y a cette frustration de ne pas être certaine que bébé soit rassasié. Par contraste, un biberon vide est significatif. Cela dit, un bébé peut être régulièrement pesé pour vérifier son poids et une couche parle d'elle-même, lorsque bébé est allaité. J'ai donc donné un peu le sein en maternité, en associant quelques biberons de lait artificiel. Puis, une fois rentrée chez moi, j'ai tiré mon lait à l'aide d'un tire-lait loué au préalable en pharmacie. J'ai alterné entre des biberons de lait maternel et des biberons de lait artificiel. Le lait maternel peut se conserver à température ambiante durant 4 à 6 heures ou 8 jours au réfrigérateur (0 – 4°) ou plus de 6 mois au congélateur (- 18°). Ne mélangez jamais les deux car si votre bébé fait une allergie, vous ne saurez pas si cela provient de votre lait (ce serait lié à votre alimentation ou à une prise de médicaments) ou du lait en boîte.

Si vous avez peur de mal faire, n'hésitez pas à profiter de votre séjour à la maternité pour demander de l'aide, avoir des conseils, poser des questions, dénicher des avis utiles. Vous aurez une sonnette en cas de besoin. Si vous êtes novice, prenez un bain d'informations sur les tâches de puériculture. Si vous le désirez, une sage-femme pourra vous suivre durant environ un mois à la sortie de la maternité. Elle pourra vous enlever les fils si vous avez subi une épisiotomie, vous rassurer, vous encourager, vérifier l'état de santé de votre bébé, le peser, répondre à vos questions. Ce service est gratuit, il suffit d'en faire la demande durant votre séjour à la maternité.

Je me souviens, pour Maxime, avoir eu très peur à la sortie de la maternité.J'aurais été mère-célibataire, je crois que j'aurais fait demi-tour en voiture ! Soyez accompagnée de préférence ! La présence du papa m'a donné la force de ne pas avoir peur de l'inconnu. Ne vous dévalorisez pas. Avec de la bienveillance, nous sommes forcément prêtes. Tout se fait naturellement. C'est instinctif. Pas à pas, nous prenons confiance en nous et avons conscience de notre chance de pouponner. Ne recherchez pas la perfection !

CHAPITRE 3

QUEL PRENOM POUR MON ENFANT ?

Le prénom définitif est un choix qui se fait à deux. Il faudra peut-être faire des concessions. Le tout est de s'arrêter sur un prénom qui convient aux deux parents. Vous pouvez tout d'abord vous mettre d'accord sur un ancien prénom ou plutôt un prénom original, voir même un prénom inventé de toutes pièces. Cela peut en effet être une alliance entre vos deux prénoms en prenant un méli-mélo de syllabes ou en utilisant une anagramme (mélange des lettres de vos prénoms). Vous pouvez aussi plus opter pour un prénom dont la signification sur internet correspondra à la personnalité dont vous rêvez pour votre enfant.
Mais pensez aussi à votre enfant. Ce prénom peut-il convenir à un enfant puis à l'adulte qu'il sera ? Ce prénom peut-il avoir un diminutif pour être appelé de manière simple et sympathique par ses amis ou sa famille ? Ce prénom peut-il être confondu avec une marque quelconque ou faire référence à une insulte ? Ce prénom pourrait-il être source de moqueries ? Ce prénom pourrait-il être un frein à une éventuelle embauche ?

Voici quelques idées :

I am a boy

André, Ambroise, Amir, Antonin, Arnaud, Arthur
Baptiste, Bastien, Benjamin
Camille, Carles, Charlie, Clément, Colin
Damien, Diego, Dylan
Eden, Eliot, Elouan, Enzo, Ethan
Fabio, Flavien
Gabin, Gabriel, Gillian
Hyppolite, Hugo
Illan, Illian
Jordan, Justin
Kenzo, Kévin, Killian
Jessy, Jonas, Joris, Jules, Julien
Léandre, Lenny, Léo, Léon, Liam, Lilian, Livio, Lou, Louis, Louison, Lucas
Malo, Marceau, Marin, Marius, Martin, Matias, Matis, Mattéo, Matthieu, Maxence, Maxime, Melvin
Nael, Nathan, Nicolas, Nino, Noah, Noé, Nolan

Octave, Oscar, Owen
Pablo, Paul, Pierre
Raphael, Rémi, Robin, Roman
Sacha, Simon, Soan, Soen, Sofian, Swan
Téo, Timéo, Tom
Valentin
Yanis, Yohan

I am a girl

Albane,Alexandra, Alice, Amalia, Amandine, Ambre, Amélie, Anais, Andréa, Anna, Annaé, Annaelle, Appolline, Aude, Audrey
Blandine
Camélia, Camille, Candice, Capucine, Carla, Célia, Charlie, Charline, Charlotte, Chiara, Cléa, Chloé, Clara, Clarisse, Coline, Constance
Eléanna, Elisa, Elise, Eloise, Emma, Emmy, Estelle, Ester, Eva, Eve
Fanny, Faustine, Flavia, Flavie, Flora, France
Gabriella, Gabrielle, Gaetane, Giulia,
Hannah, Hanaé, Hélèna, Hélène, Héloïse
Inaya, Inès, Iris, Ivana
Jade, Jeanne, Johanna, Julia, Juliette, Justine
Karen, Kim
Lana, Laura, Laurie, Léa, Léane, Léanna, Léna, Loéva, Lou, Louane, Louise, Louna, Lucia, Lucie, Luana,Luna
Maelle, Manon, Maud, Maylisse, Marie, Margaux, Margot, Marine, Mathilde, Méline, Mélissa, Milla, Mona, Morgan
Nina, Ninon, Nolwen
Océane, Octavia, Olivia, Oriane
Perrine, Philippine
Romane, Rose
Sarah, Sidonie, Sofia, Solène
Tarah, Thais, Théa, Thiphaine
Valentina, Violette
Zoé, Zoéline

CHAPITRE 4

MON EXPERIENCE DE L'ENFANT

Ils étaient chouchoutés en maternelle et en élémentaire. Les cours pouvaient être plus ou moins personnalisés en fonction des faiblesses ou des points forts de l'enfant. De l'attention était apportée en cas de troubles psychologiques, alimentaires ou scolaires. La cour était remplie de petits lutins innocents, bien que l'innocence s'envole vite aujourd'hui. Les enfants sont méchants entre eux car ils n'ont pas conscience de provoquer des blessures. Faire souffrir ne signifie pas forcément « taper », « pousser » ou « mordre ». Cela peut être un trop plein d'énergie demandant à être canalisé.

La maîtresse ou la nounou de votre enfant vous dit inlassablement qu'il tape ou mort. Le gérer ne semble pas leur être une partie de plaisir. C'est une étape normale ! Ne dramatisez pas ! Vous n'avez pas fait naître un petit diable ou un psychopathe en herbe ! Frapper et hurler de toutes ses forces dénote une frustration liée à une limite imposée. L'entrée en crèche, chez une assistante maternelle agréée ou à l'école maternelle est le premier cadre fixé à l'enfant. Votre doudou est bien à la maison entouré de toutes vos délicates attentions et vos bisous croquants. Il n'a encore guère de contrôle sur lui-même et se canaliser est compliqué. De plus, il maîtrise mal ou pas suffisamment le langage. En grandissant, il apprendra peu à peu à se contrôler.

L'enfance doit être enveloppée d'amour et de douceur, d'écoute et de partage par les câlins ou les activités ludiques qui éveillent les sens et la curiosité intellectuelle, mais aussi son développement affectif.

Mais l'enfant ne doit pas non plus être placé dans une bulle ou devenir acteur d'un conte de fée. Cela pourrait le déstabiliser une fois confronté à la « dure réalité ».

Il faut aussi parfois bousculer les habitudes afin que nos enfants sachent plus tard s'adapter et rebondir avec solidité. La vie, ce n'est pas un monde virtuel linéaire avec un matelas de plumes sous nos pieds.

Transmettre nos valeurs morales telles que la bonté, la gentillesse, la tolérance, le respect, l'honnêteté et le courage est lié à un comportement estimé et honorable.

Mais malheureusement, n'oubliez pas que le mal est l'ennemi du bien et que votre enfant y sera forcément confronté. La haine, la méchanceté gratuite, la jalousie, tous ces vices nous entourent et votre enfant doit y être préparé.

Armer son enfant est donc aussi notre devoir. Il doit pouvoir se défendre contre toutes formes d'agression.

CHAPITRE 5

MON EXPERIENCE DE L'ADOLESCENT

Ne vous inquiétez pas si la relation fusionnelle que vous aviez avec votre enfant se détériore un peu. Il y aura toujours de chaleureux moments de partage avec de vraies discussions et de tendres câlins.

L'adolescence est une étape délicate caractérisée par des changements corporels tels que la poussée de croissance, l'apparition de la pilosité, des boutons d'acné, une transpiration plus abondante et odorante. Leurs formes se développent pour montrer le beau jeune homme ou la jolie jeune femme en herbe.

En qualité de maman, on aimerait bien des fois, pouvoir lire dans leurs pensées ou décrypter leurs comportements. Ils développent des capacités cognitives, affectives et sociales. Ils se cherchent pour se construire sur le chemin de la maturité. Ils vont peut-être vouloir copier le mode vestimentaire du copain ou de la copine, se calquer sur la conduite d'un camarade, jusqu'à adopter un look qui leur ressemble. Sur un plan psychologique, des études récentes ont démontré que la maturation émotionnelle et affective du cerveau s'achève vers 20-25 ans.

C'est pour cette raison que nous devons être vigilants quant aux fréquentations de nos jeunes. Un adolescent peut se servir d'un ami comme modèle ou comme repère. Une personne peut symboliser la stabilité et l'équilibre pour quelqu'un. Un attachement et un pouvoir peuvent se créer. Quand la fréquentation est saine et non toxique, c'est une aubaine pour votre enfant. Cela l'aidera dans son épanouissement. Mais si la fréquentation est malsaine, vivant de dérives telles que l'alcool, le tabac, la violence, la drogue, le décrochage scolaire ou la déscolarisation, votre ado peut très vite sombrer.

La communication avec votre enfant est donc essentielle. Rassurez-vous, la maturité morale évolue au cours de la vie d'adulte. On apprend de ses erreurs jusqu'à se forger une morale sans faille. Les valeurs morales sont inculquées par nous, parents. Mais je trouve honnêtement et à regret, que nous mettons trop l'accent sur la générosité, la bonté, la gentillesse, l'honnêteté, tout simplement le bien. Il ne faut pas oublier que le mal existe. On ne prépare jamais suffisamment voir pas du tout nos enfants à cela. On les jette dans la gueule du loup affamé, dans l'arène aux fauves excités. Où sont leurs armes ? Je pense à l'arrivée au collège. Souvenez-vous de leur petite vie tranquille en élémentaire.

L'adolescence est une période mouvementée difficile car ils accordent beaucoup d'importance à l'acceptation par leurs paires et se sentent frustrés d'être parfois repoussés. Cela peut avoir un impact sur la confiance en soi.

Vous devez être disponibles quand la solitude les habite, quand leur sourire devient terne, quand ils s'enferment dans la pénombre de leur chambre, le casque vissé sur les oreilles souvent maltraitées par un volume trop fort, quand ils se renferment sur eux-mêmes et dénotent une certaine mélancolie sur leur petite bouille que vous aimeriez tant voir s'exprimer.

Certaines personnes n'atteignent jamais la maturité adulte car ils n'acceptent pas leurs responsabilités ou la prise de décision autonome leur font peur. Ils ne deviennent pas financièrement indépendants. Cependant, le fait de ne pas fonder une famille ou de vivre seul n'est en aucun cas un manque de maturité. C'est juste un choix de vie réfléchi.

Mes enfants sont toute ma vie et j'aurais été extrêmement malheureuse de ne pouvoir être mère. Mais je comprends la décision intime de ne pas désirer d'enfants. Etre parent est un véritable engagement irrévocable dont on ne doit jamais démissionner. C'est le lien du sang mais également le lien du devoir. Un enfant naît de notre volonté. Il n'a rien demandé. Etre parent est un réel challenge que seules les personnes désireuses d'enfants doivent relever. C'est je trouve très sain, conscient et réfléchi, d'être en accord avec soi-même et de préférer vivre en fusion en couple. Ce n'est pas vivre égoïstement. Avoir des enfants n'est pas un but de vie en soi. C'est un désir partagé pour son propre bien-être et équilibre. Le bonheur de votre voisin ne correspond pas forcément au vôtre. C'est le principe simple des goûts et des couleurs.

CHAPITRE 6

LE HARCELEMENT SCOLAIRE

Un tempérament trop réservé ou trop exubérant, une attitude trop timide ou audacieuse, une différence physique valorisante ou dégradante, une trop grande réussite ou une déchéance scolaire, autant de facteurs pouvant appâter le harcèlement scolaire. Il faut dire à votre enfant de ne pas avoir honte de divulguer ce genre d'agissement : l'isolement imposé, le rejet dans un groupe de travail ou à la récréation, le vol de goûter ou la dégradation de matériel, les brimades, les insultes, toute violence verbale ou physique.

D'une manière générale, conseillez à votre enfant de ne pas se retrouver seul. Un enfant solitaire sera une cible facile. Votre enfant ne doit pas tenter de trouver son sosie physique, psychologique ou intellectuel. Il ne doit pas être exigent avec l'autre, mais il doit être capable de se mélanger, d'intégrer un groupe, de découvrir d'autres centres d'intérêts que les siens. Il doit savoir communiquer avec ses pairs pour s'intégrer plus facilement dans le décor.

Si besoin, la vie scolaire, composée d'un Conseiller Principal d'Education et de surveillants, est là pour vous recevoir et vous écouter. Leur rôle est de garantir la bonne ambiance au collège, le bon savoir-vivre dans l'établissement, en s'assurant que le règlement intérieur est respecté.
Avant votre rendez-vous, je vous conseille de faire écrire à votre enfant ce qu'il ressent, sans oublier de nommer ses bourreaux. Sa lettre pourra être remise entre les mains des bons protagonistes. Gardez-en une copie, on ne sait jamais.
Un compte-rendu médical peut aussi étayer votre déclaration. Une description du mal-être et des manifestations physiques (hématomes, brûlures, vomissements...) pourra accréditer votre discours. Les mesures prises par l'établissement seront davantage sérieuses et pérennes.
Si votre enfant est bloqué, apeuré et n'ose pas divulguer de noms, le collège possède un classeur répertoriant toutes les photos de chaque élève de chaque classe. Votre enfant pourra ainsi désigner son agresseur en le pointant simplement du doigt.

Une psychologue scolaire est aussi disponible généralement deux fois par semaine en milieu scolaire. Elle est détachée dans l'établissement scolaire, mais vous pouvez aussi la rencontrer en dehors, au sein du Centre d'Information et d'Orientation dont elle dépend. Une psychologue scolaire est donc présente à la fois pour les enfants et aussi pour les parents.

Votre enfant ne doit pas hésiter à solliciter tous les membres du personnel de l'éducation pour que sa vie au collège ou au lycée soit la plus confortable et épanouissante possible. Cela lui laissera de plus agréables souvenirs. Si vous sentez que votre enfant est mal dans sa peau, n'hésitez pas à demander des rendez-vous auprès de ces personnes pour connaître leur ressenti et rectifier le tir si besoin. Parfois, quelqu'un de neutre et d'extérieur peut nous donner une piste intéressante. L'infirmière de l'établissement scolaire sera peut-être la personne vers qui votre enfant ira se réfugier.

Il faut aussi savoir que dans chaque académie, il existe un référent se chargeant de dossiers de « harcèlement scolaire ». Il suffit de vous connecter sur le site « education.gouv.fr » et de suivre les démarches indiquées.

Entre notre travail domestique et notre travail professionnel, nous sommes souvent surmenées et exténuées. Mais il ne faut pas négliger cela, surtout que vous aurez davantage de tâches à accomplir si vous laissez un malaise grandissant s'installer. Il vaut mieux prendre le taureau par les cornes et battre le fer pendant qu'il est encore chaud.

En effet, voir son enfant malheureux est déchirant. C'est toute une famille entière qui est impactée. Les repas deviennent tristes. L'ambiance générale est mouvementée. La vie familiale est pleine de tensions insupportables.

A cause du harcèlement scolaire, si votre enfant développe la phobie de se rendre à l'école, son planning pourra être adapté et allégé. C'est ce que l'on appelle le Projet d'Accueil Individualisé. Ce PAI est un peu comme un contrat, décidé lors d'une réunion comptant le Directeur, le Conseiller Principal d'Education et l'Infirmière de l'établissement scolaire, mais aussi le Médecin scolaire du secteur géographique, sans oublier vous et votre enfant. Celui-ci pourra par exemple se rendre au collège ou au lycée, seulement de 8h à midi ou de 9h à 14h.

Cela évite le décrochage scolaire et même la déscolarisation. Dites-bien à votre enfant qu'il ne doit pas se priver de l'enseignement, qu'il n'a rien à se reprocher. Il ne doit pas donner raison à ses bourreaux. Votre enfant a sa place. Il ne doit pas se punir de l'enseignement alors qu'il n'est pas coupable. Ce sont ses bourreaux qui doivent être expulsés. Ce sont ses bourreaux qui sont reprochables. Ce sont les blâmés qui doivent être punis et non les victimes. Votre enfant doit garder la tête haute et prendre confiance en lui. De plus, plus il manquera l'école et plus il sera difficile pour lui d'y retourner. Un blocage va s'amorcer. Surtout, n'entretenez pas ce cercle vicieux. N'imposez pas une journée entière à votre enfant, mais proposez-lui un quota d'heures journalier particulier en esssayant d'englober les matières primordiales. C'est important de garder un pied dans la réalité, dans la vie scolaire. L'éducation est importante. La vie en collectivité également. Il ne faut pas le couper du monde. Apprendre à vivre avec les autres est aussi essentiel que l'enseignement. C'est ainsi qu'il trouvera ses armes pour se défendre et qu'il se forgera un tempérament résistant à toutes épreuves.

CHAPITRE 7

MON ENFANT EST DIFFERENT

Divers tests peuvent être faits à votre enfant. De par mon expérience, je connais le WISC (Wechsler Intelligence Scale for Children) pour les enfants de 6 à 16 ans. Il est gratuit s'il est dispensé au sein de l'établissement scolaire. C'est un test de quotient intellectuel qui permet d'évaluer les facultés cognitives essentielles aux processus d'apprentissage. Vous pouvez ainsi connaître et comprendre davantage votre enfant sur ses habiletés, ses facilités, ses faiblesses et ses lacunes. Les professeurs doivent aussi être informés du résultat.

En effet, il sera inutile d'attendre des prouesses d'un élève qui même en faisant de son mieux, ne pourra fournir un travail que moyen. Cela permettra à votre enfant d'avoir une notation plus appropriée et des appréciations reflétant la réalité. L'élève sera ainsi encouragé au lieu d'être rabaissé.

Vous pouvez donc définir avec une psychologue scolaire quelle est la meilleure méthode pour que votre enfant puisse se concentrer en classe, assimiler et mémoriser ses leçons. Des centres en neuropsychologie et des orthophonistes, peuvent, à travers plusieurs séances, apporter à votre enfant une aide précieuse pour son raisonnement et sa mémorisation. C'est une véritable rééducation cérébrale. Cette prodigieuse méthode est d'ailleurs reconnue par exemple auprès des enfants atteints de Troubles Déficitaires de l'Attention.

Par contraste, si votre enfant réussit bien au-delà des attentes, vous pouvez demander des approfondissements dans certaines matières, l'ajout d'options ou même le passage en classe supérieure. La curiosité intellectuelle de votre enfant, avide de connaissances, pourra ainsi être comblée. Votre enfant sera stimulé comme il l'entend.

Quelque soit la problématique de votre enfant, que ce soit pour des raisons médicales, pour des troubles d'apprentissage, pour des phobies diverses ou tout autre handicap, il y aura toujours une solution. Il existe par exemple le Plan d'Accompagnement Personnalisé ou le Projet d'Accueil Individualisé. L'idée générale est de trouver un quotidien scolaire qui colle à la peau de votre enfant. Les dispositifs de l'école inclusive permettent tous une adaptation en milieu scolaire.

A chaque niveau scolaire, un Accompagnant d'Elève en Situation de Handicap, ou une Auxiliaire de Vie Scolaire, peut aider votre enfant en situation de handicap. N'hésitez pas à vous rapprocher de l'équipe éducative qui prendra en charge votre enfant.

Rassurez-vous, chaque enfant est doué à sa manière. Il trouvera toujours meilleur que lui mais aussi moins bon que lui. Chacun a « des secrets » à apprendre et à partager. Tous les enfants feront quelque chose de leur vie. Il faut juste tirer nos enfants vers le haut en faisant notre possible pour eux, en leur faisant prendre de la hauteur, en les valorisant et en les encourageant. Nous avons tous à apprendre des autres, quels qu'ils soient.

Si vous avez un doute ou une crainte sur une particularité de votre enfant, n'hésitez pas à consulter un pédiatre.

Retenez que :
« la singularité de votre enfant fait sa force ».
« Réussir, c'est aussi parvenir à s'en sortir avec les moyens du bord »

CHAPITRE 8

MES CONSEILS POUR RELATIVISER ET DECULPABILISER

Il ne faut pas perdre de vue votre souhait le plus cher au monde qui est simplement de vous sentir en harmonie tout en rendant vos enfants épanouis ! Combiner les deux, c'est tout un art ! Il faut savoir faire perdre quelques fois à votre rôle de maman son caractère absolu, en le replaçant dans son contexte.

1. Le mimétisme comportemental.

Votre enfant, même s'il naît avec son caractère, va très vite se modeler en fonction de vos réactions et de vos comportements habituels, de votre gestion du quotidien. Vous vivez ensemble dans la même atmosphère, donc toute la manière de dire ou de faire les choses seront devenues une banalité pour votre enfant.
Cela va donc le servir ou le desservir. Pour lui, taper, crier des mots humiliants ou rabaissants, faire preuve de violence ou de négligence peut devenir normal. Cette souffrance sera banalisée. A l'inverse, pour lui, caresser, câliner, partager des mots affectueux et valorisants, discuter dans le calme et faire des activités intéressantes et constructives sera devenu un rituel.
Si vous construisez une maison, vous commencez par les fondations et ce que vous bâtissez ensuite ne tiendra que si ces fondations sont solides.
Si vous apportez les bons ingrédients à votre enfant dès son plus jeune âge, il ne pourra qu'être un roc avec des armes solides. Votre recette sera une réussite !
Quelque part, vous conditionnez déjà votre enfant à l'homme ou à la femme qu'il sera. Vous participez pleinement à sa maturité, en lui offrant cette première aide boostante dans son existence.

2. L'impact des mots.

Encore une fois, vous êtes un être humain. Vous avez le droit de vous énerver et là vous regrettez ce que vous avez dit à votre enfant. N'hésitez pas à vous excuser en lui expliquant qu'en ce moment vous êtes fatiguée et que vous ne pensiez pas ce que vous avez dit. Il apprendra ainsi le pardon. Les mots peuvent être autant épanouissants que destructeurs. Vous connaissez le principe de l'écho qui vous renvoie vos paroles ?

Les mots dévalorisants raisonnent comme des percussions fracassantes dans la tête d'un enfant. Ces mots peuvent être remémorés par l'enfant. A quoi bon essayer d'y arriver vu que l'on vient de me dire que j'étais nul ? Nous avons le droit de dire : « C'était nul de t'être énervé pour si peu, il fallait juste réessayer» et non « tu es null» ou encore « C'est idiot de réagir comme ça, ta sœur voulait t'aider » et non « tu es idiot ». Vous souhaitez que votre enfant mette son chapeau pour éviter l'insolation mais il résiste ? Faites-lui croire qu'il a le choix : « Mon chéri, tu préfères mettre ta casquette bleue ou ton chapeau rouge ? » Il sortira avec une protection sur la tête !

Les mots valorisants donnent du courage et de la confiance à votre enfant. Il aura plaisir à être responsable et à prendre des initiatives impressionnantes. N'hésitez pas à le féliciter si avant que vous n'arriviez dans sa chambre, son pyjama est déjà mis. Quelque chose a été fait de travers ? Chut ! S'il n'y a aucun danger, refaites simplement son lacet, remontez son collant ou reboutonnez correctement sa chemise en toute discrétion ! Il est tellement fier de s'être débrouillé comme un grand ! N'hésitez pas à répondre à toutes les questions posées par votre enfant. Cela prouve qu'il est avide de connaissances, de découvrir le monde qui l'entoure. Il saura que vous êtes présente et à l'écoute pour l'aider à progresser. Si vous réussissez à développer une relation de confiance avec votre enfant, sans parler de relation fusionnelle, vous aurez plus de chance de connaître ses petits tracas d'adolescent. Prendre l'habitude de communiquer, d'entamer le débat ou de répondre aux interrogations de l'autre, garantit plus de complicité à venir. Ne vous inquiétez pas, certains enfants, indépendamment des efforts des parents, ne sont guère loquaces. Pour leur tirer les vers du nez, il faut se lever tôt le matin. C'est dans leur tempérament, vous n'avez pas échoué. Rien que le fait que vous vous remettiez en question prouve que vous faites du mieux que vous pouvez pour éduquer et rendre heureux votre enfant.

3. **La relativisation**.

Attention, vous êtes des êtres humains, vous avez aussi des états-d'âmes et avez besoin de tranquillité ! Il m'est arrivé de crier, de ne pas me casser la tête pour combler une journée ou pour préparer un repas, de négliger une toilette ou de bâcler l'aide aux devoirs. Une lourde journée de travail fatigante, la maladie, des inquiétudes en profusion, du ménage en abondance...

Toute cette multiplicité de facteurs fait que les cris incessants de votre enfant, ses demandes à répétition pour jouer avec lui , la liste des exercices et leçons scolaires, l'entretien de la maison ou du linge, les menus concoctés avec amour ou encore le jour du nettoyage des cheveux, attendront ou seront grossièrement accomplis, à votre façon.

Cependant, si vous avez un tout petit bébé complètement dépendant de vous pour vivre, il est évident que certaines choses doivent obligatoirement être bien exécutées. Je pense au changement de couche si vous ne voulez pas vous attaquer à un érythème fessier douloureux, à la prise de biberon ou à la tétée régulière, à la prise de médicaments s'il est malade, à le soulager si la sortie des dents le fait souffrir, à la consultation d' un médecin au moindre doute.

Je recommande la balancelle à tous les parents. Cela devrait être l'objet incontournable d'une liste de naissance. Elle apaise bébé en toute sécurité et vous permet de faire autre chose. Il pourra même s'y endormir. Vous pouvez être allongée sur votre canapé et votre enfant à côté de vous dans sa balancelle. Le parc est aussi un objet star car votre enfant aura tous ses jouets préférés à portée de mains. Il peut gazouiller en découvrant ses jeux d'éveil en toute sécurité. Cela vous permettra également, tout en jetant des petits coups d'œil de temps à autres, de vous reposer ou vaquer à autre chose comme faire votre vaisselle ou votre sol. J'ai récemment fait l'acquisition d'un aspirateur qui aspire, lave et sèche instantanément. C'est vraiment très pratique car la propreté est indéniable et le gain de temps est significatif. Vous ne passez votre appareil de nettoyage qu'une seule fois !

4. **<u>La délégation face au baby-blues, à la dépression post-partum ou au simple besoin de s'occuper de soi</u>**.

Laisser son enfant car nous sommes épuisées et avons besoin de nous ressourcer est une sage initiative. Ne prenez pas de risques. Il n'y a aucune honte de demander de l'aide. Une mamie, une amie, une halte-garderie, une voisine, autant d'anges-gardien que nécessaire. Ce sera peut-être aussi l'occasion de dénicher la perle rare comme nourrice, parrain ou marraine. Ce sera peut-être un moyen de consolider une relation familiale ou de fortifier une amitié. Votre enfant peut ressentir votre détresse. Si vous avez ne serait-ce l'impression d'être excédée par le travail et l'investissement que demande le rôle de maman, c'est légitime. Il est normal d'être à bout de force, surtout après un accouchement. Le baby blues peut vous fragiliser : vous êtes irritable, vous perdez vos repères, tout se bouscule dans votre tête, vous vous sentez perdue, vous avez des crises de larmes... C'est lié aux changements naturels hormonaux, physiques et psychologiques. Alors pas de panique, vous faites partie de la majorité de ces mères ! Il ne faut pas confondre le baby blues qui ne dure que quelques jours avec la dépression post-partum qui peut durer quelques mois voir même l'année complète qui suit votre accouchement. Vous manquez d'énergie, vous dormez mal, vous avez des pensées négatives, vous vous trouvez nulle à un point que s'occuper de votre enfant vous paraît insurmontable voir même dangereux, vous n'arrivez plus à honorer les tâches du quotidien, vous passez des rires aux larmes et devenez même tristes sans raison tangente.

Je pense avoir connu cette traversée du désert. Je me sentais seule et j'avais peur de mal faire. Bébé pleurait beaucoup, le jour comme la nuit. Mon conjoint était régulièrement en déplacement professionnel. J'étais fatiguée, anxieuse et surmenée. J'avais un réel besoin d'aide invisible car j'étais à fleur de peau, suceptible et casanière. J'ai eu du mal à partager et à faire confiance.

Il faut savoir que nous ne sommes pas seules. Je me sentais peu comprise. N'hésitez pas à consulter un psychologue ou un psychiatre. Ce dernier, remboursé par la Sécurité Sociale, pourra vous faire une prescription médicale si besoin. Votre généraliste reste bien-sûr votre interlocuteur privilégié. Mais n'oubliez pas d'abord votre environnement proche, dont le père de votre enfant. Un enfant se fait à deux et s'éduque à deux. L'intervention de ce duo de choc est primordiale. Je ne parle que très peu du père dans mon livre, mais cela n'enlève en rien sa valeur et son importance.

Si tout simplement vous avez envie de faire du shopping pour renouveler votre garde-robe, de vous rendre chez le coiffeur pour vous relooker, d'aller voir ce fameux film qui vient de sortir au cinéma, de goûter la cuisine de ce restaurant qui vient d'ouvrir, ou de vous offrir un massage relaxant chez votre esthéticienne préférée, vous avez le droit ! Ce ne sont pas des rendez-vous médicaux et alors ? Vous êtes une femme ! Vous vous sentirez fraiche et épanouie de vous être recentrée sur vous-même, d'avoir pris du temps rien que pour vous. Vous serez aussi très heureuse de retrouver votre enfant qui verra sa maman radieuse. Une mère ressourcée fait un enfant heureux.
Alors faites l'essai de confier Bébé, il sera tout autant en sécurité qu'avec vous. Demandez simplement des petites nouvelles rassurantes si vous préférez.

5. <u>L'alimentation</u>.

Ce n'est pas grave de refaire du steak haché, des crêpes, des nuggets ou des filets de dinde ou de poulet panés! Vous êtes au moins certaine que votre enfant va terminer son assiette car c'est ce qu'il préfère.

Personnellement, lorsque nous concoctons des plats anciens plus élaborés comme la potée ou le bœuf bourguignon, moins ils apprécient. Souvent, je revisite le steak haché, soit entier avec des haricots vets, riz, pâtes, champignons, pommes de terre, soit mixé pour préparer des spaghettis bolognaise, un hachis Parmentier ou une « tambouille » avec un peu de crème ou de sauce tomate.

Si ma petite tête blonde ne finit pas son repas, il ne sera pas privé de dessert. Je ne le forcerai pas. Je considère que comme nous, ils n'ont pas forcément toujours une grande fringale. Un enfant ne se laisse jamais mourir de faim. S'il n'a pas de carences, de fatigue ressentie ou de retard de croissance, cela ne sert à rien de le forcer. A l'inverse, vous pouvez tenter d'encourager votre enfant en lui expliquant qu'il reprendra des forces en mangeant, que s'il veut bien réfléchir en classe, il a besoin de protéines, de vitamines, de féculents etc.

En fonction de l'âge, vous pouvez rendre le repas ludique en dessinant une tête de bonhomme dans sa purée, en découpant le jambon en forme de cœur etc. A vous de laisser parler l'artiste refoulé et de laisser place à votre imagination ! Il y a aussi la méthode de la fourchette qui se transforme en camion-benne ou en avion-cargo.

Il mangera peut-être un aliment qui ne passait pas d'ordinaire.

6. L'éducation.

Ce n'est pas parce que vous dîtes NON à votre enfant ou que vous lui répétez les mêmes refrains avec insistance que vous ne l'aimez pas. Au contraire, un enfant a besoin de cadre. Ce cadre est sa boussole. C'est celui qui va le guider pour qu'il s'oriente sur le droit chemin. C'est celui qui va le faire grandir avec stabilité. Vous l'aidez ainsi à se canaliser, à ne pas dépasser les limites, à rejeter l'insolence de lui-même, à obéir avec compréhension plus aisément, à être docile à l'extérieur tout comme dans son foyer, à se concentrer à l'école pour écouter et comprendre les apprentissages, à être respectueux à l'égard des autres.

Chaque agissement allant contre vos valeurs morales doit être pointé du doigt. L'essentiel est de marquer le coup en punissant. Cela peut être le coin ou la privation d'un jouet devant lequel il est en admiration. Ne mettez pas votre enfant au lit pour le punir. Il pourrait associer la sieste ou le sommeil nocturne à une punition. Ne le privez pas non plus de dessert, manger est un besoin essentiel à la vie. Vous pouvez refuser son câlin pour cause de mauvais comportement. Mais il faudra lui expliquer que vous êtes déçue et que vous n'en n'avez pas envie pour l'instant, car ce qu'il vient de faire est mal. Accepter tout de suite de le prendre dans vos bras pourrait lui signifier que vous cautionnez sa bêtise et que tout méprisable agissement est pardonnable sans conséquences. Or, il faut apprendre à l'enfant à être responsable de ses paroles et de ses faits et gestes. Un enfant peut s'excuser dès qu'il est en âge de parler. Il peut également, en fonction de l'âge, aider à faire une tâche ménagère. Cependant, ranger sa propre chambre n'est pas une punition mais une habitude normale à prendre. Celui lui évitera aussi de perdre l'équilibre et de tomber en shootant dans ses cubes, ses poupées et ses voitures.

Par contraste, un bon comportement peut être récompensé pour lui montrer que c'est ce que l'on attend de lui. Votre enfant aura alors naturellement tendance à continuer à se conduire de la façon qui lui apporte tant de bisous, de présents et d'attentions particulières.

Cependant, un enfant qui tape, mord, bouge beaucoup peut simplement vouloir attirer l'attention sur lui. Cela peut être aussi un enfant qui s'ennuie, qui aimerait apprendre davantage.

Céder à son enfant, tout le monde connaît. La fatigue ou la peur du ridicule en public, le besoin d'être tranquille lors d'un repas en famille ou d'une sortie entre amis, le fait d'être excédée et d'en avoir assez, nous nous reconnaîtrons toutes dans cette situation. Tant que cela reste sporadique, ce n'est pas gênant.

7. **L'équité**.

Posséder à l'identique est impossible car les âges, les goûts et les besoins sont différents. Il est difficile de faire en sorte que chacun ait la même chose.

En effet, si vous achetez une paire de baskets tendance de marque à votre fils, il sera peut-être compliqué de donner autant à votre fille. Vous n'êtes pas obligée, sous peine de devoir gérer un découvert bancaire, d'offrir à l'autre dans la même proportion. On ne s'en sortirait pas ! Cependant, je conseille de marquer le coup pour ne pas susciter la jalousie et si cela provoque un malaise, une petite explication sera la bienvenue.

Attention, tout ne doit pas forcément être source de justifications car d'une part vous avez énormément de choses à faire dans votre journée, et si plus tard, dans d'autres circonstances, votre enfant se sent écarté ou défavorisé, il sera perturbé par si peu de compréhension, d'éclaircissement et de transparence.

Rechercher trop la perfection dans l'équité pourrait au contraire fragiliser l'enfant au lieu de l'endurcir. Il ne faut pas oublier que le juste et l'injuste cohabitent dans ce bas monde.

« Rose, tu comprendras que ton frère avait besoin de nouvelles chaussures. Quand ce sera ton tour, nous t'en choisirons aussi des qui te plaisent. Sois raisonnable, je ne peux pas tout acheter en même temps. Nous irons nous balader ensemble si tu veux, et pourquoi pas te trouver une petite activité manuelle ou faire un goûter à l'extérieur».

Il suffit juste de marquer le coup pour que chacun se sente important et pour qu'il n'y ait pas de quiproquos.

De plus, rechercher l'équilibre parfait, ce serait pour vos enfants rentrer dans des comparaisons minutieuses et vous faire des remarques déroutantes.

D'ailleurs, régulièrement, j'organise une sortie avec chacun de mes enfants, selon leurs préférences et leurs attentes. Ce moment privilégié partagé valorise l'enfant car il ressent une relation d'exclusivité. Ce temps accordé permet un rapprochement propice aux échanges. Leurs petits secrets peuvent fuser dans tous les sens ! C'est un déchainement de questions ou un déferlement de thèmes abordés. Ce sont des moments de tendresse et de complicité très appréciés. La satisfaction est vraiment mutuelle. Cela peut être un cinéma, une patinoire, un concert, un restaurant, du shopping, un goûter à l'extérieur ou une balade champêtre.
L'idée est que chaque enfant se sente valorisé et aimé comme il se doit, en jouissant d'une disponibilité infaillible.

8. **Donner des responsabilités**.

Ces petites responsabilités doivent être faisables par l'enfant par rapport non seulement à son âge mais aussi à sa maturité. Vous pouvez très bien attribuer une tâche un peu plus soutenue au plus petit s'il est à même de réussir sa mission. Il faut en effet respecter le rythme et l'évolution de l'enfant. L'objectif fixé doit être atteignable et réalisable. Sinon, votre enfant aura un sentiment d'échec. Une responsabilité est là pour rendre l'enfant responsable, autonome, débrouillard et fier de lui. Les responsabilités sont dans ce cas valorisantes et épanouissantes.

Donner des responsabilités, c'est aussi ne pas tout mâcher à son enfant. Je sais combien c'est difficile de lever le pied sur l'envie de materner et de couver. Un enfant ne doit pas rester bébé. Je sais que cela nous fait plaisir de préparer ses vêtements ou son petit déjeuner ! Mais sincèrement, en laissant votre enfant prendre des initiatives, vous allez respirer tout en découvrant que vous avez un grand garçon ou une grande fille à la maison !

9. Valoriser.

Pour activer ou accentuer la valorisation de votre enfant, l'aider à aller de l'avant et à croire en lui, vous pouvez lui faire répéter des phrases simples, positives et stimulantes devant un miroir. Par exemple, au présent : « je suis beau », « je suis intelligent », « je n'ai pas peur », « je vais y arriver », « je ne suis pas plus bête qu'un autre », « je suis courageux », ou au futur « je serai sage », « je serai raisonnable », « je n'oublierai pas d'être poli », « je serai fort », « j'y arriverai », « j'aurai confiance en moi », « je ne perdrai pas mes moyens ».

A vous de cibler ce qui procurera le plus grand bien à votre enfant. Bien-sûr, il ne faut pas non plus rentrer dans la bizarrerie. L'idée n'est pas de tomber dans l'étrangeté mais de redonner confiance et d'adopter une attitude positive.

Valoriser c'est aussi bien-entendu féliciter à chaque réussite, mais aussi à chaque progrès. Chacun va à son rythme. N'attendez pas les objectifs remplis pour encourager et récompenser. Chaque palier doit en effet être remarqué et gratifié.

De même, les échecs doivent être remis dans leur contexte. Si l'enfant est méritant, il doit quand-même être félicité pour ses efforts et son travail. Donnez-lui de la hauteur. Il faut savoir nuancer : « Tu n'es peut-être pas premier mais ta moyenne a bien augmenté, bravo, continue » ; « Tu n'as pas gagné la compétition, mais tu as gagné en maîtrise et en confiance, bravo, continue » ; « Tu n'as pas eu une bonne note à ton contrôle mais la moyenne de la classe était guère mieux, il devait être difficile, c'est déjà très bien » ; « Tes résultats ne sont pas à la hauteur de ton investissement, mais dis-toi que tu seras forcément récompensé un jour, il ne faut pas baisser les bras » ; « Tu n'as pas travaillé pour rien, dis-toi que tu aurais eu une moins bonne note si tu n'avais pas passer du temps sur ta leçon ».

Léo m'apprend qu'il a eu un 16/20 en anglais.

- « C'est bien ! Je suis fière de toi ».
- « Oui, mais c'était facile ».
- « Ne te dévalorise pas, tu as assuré comme un chef. Est-ce qu'il y a eu beaucoup de 16 et de notes au-dessus de 16 ? »
- « Non »

- « Alors ? »
- *Léo sourit*

10. Enlever un poids.

Si votre enfant se sent mal dans sa peau ou est contrarié, il faut le prendre à part et lui demander avec douceur et délicatesse ce qu'il a, afin qu' il puisse s'exprimer plus facilement et en toute discrétion. A vous ensuite d'entreprendre les actions nécessaires.

Cela peut paraître anodin mais si l'enfant gribouille un dessin ou un mot représentatif de son chagrin sur une feuille de papier, il peut la froisser puis en faire une boule et la jeter à la poubelle. Il peut aussi la déchirer en mille morceaux puis les piétiner avec vigueur. Ainsi, l'écriture ou le dessin facilitera la libération de l'enfant et la charge émotionnelle sera atténuée par toute la gestuelle.

Une agréable activité ou une sortie sympathique peut également gommer ce mal-être passager.

D'une manière générale, être à l'écoute, c'est déjà enlever un poids.

11. Le regard des autres.

Le regard des autres peut parfois être pesant. Un soufflement, les yeux levés vers le ciel, un hochement horizontal de la tête, un regard insistant, un conseil qui en dit long ou une remarque désobligeante, autant de détails agaçants et poignants.

Encore une fois, qui peut se permettre d'apporter un jugement alors que vous êtes quand-même idéalement placée pour connaître votre enfant ? Qui connaît mieux que vous l'histoire de votre enfant avec ses embûches, ses peines, ses difficultés, ses complexes, ses frustrations, ses réussites, ses joies et ses envies ? Qui a accès à vos souvenirs liés à votre plus tendre enfance ? Qui possède la mémoire des évènements qui a contribué à être la personne d'aujourd'hui ?

Nous n'avons pas à nous justifier ou à expliquer le pourquoi du comment. Nous ne méritons pas non plus d'être jugées avec naiveté et rigidité. Si vous vous sentez importunée, prenez de la distance ou n'écoutez que d'une oreille. Si vous êtes ouverte aux conseils et que vous êtes demandeuse de soutien, restez toute ouie et réactive.

Nous n'avons pas toutes le même vécu, la même sensibilité, la même capacité à réfléchir ou à raisonner, les mêmes moyens, la même approche éducative ou tout simplement les mêmes enfants. L'essentiel est de faire de son mieux avec bienveillance. A partir de là, chaque décision prise sera saine et honorable.

Le comble est souvent à son paroxysme dans ce domaine. Certaines personnes devraient par exemple d'abord balayer devant leur porte en s'attachant à régler leurs propres problèmes ou à vite prendre conscience que si des disputes familiales les effraient à la limite du choc, c'est peut-être tout simplement parce qu'elles n'ont pas eu à gérer une fratrie. Certaines personnes sont aussi dans le déni ou l'occultation. Elles ont préféré enfouir leurs déboires et vieux fantômes sous terre pour se permettre ensuite de critiquer sans filtre et sans relâche. Il vaut mieux en rire. Soyez fière de ce que vous apportez à vos enfants et croyez en l'avenir. Prenez de la hauteur. Il vaut mieux parfois ne pas être contrariante pour éviter les querelles avec des gens « simplets », intolérants et incompréhensifs, ou même passer son chemin. N'usez pas de l'énergie pour rien.

« Oui, vous avez raison, le ciel est vert, au revoir »

CHAPITRE 9

LA PLACE DU N°2

Etre au milieu dans la fratrie semble souvent handicapant. Le benjamin peut en effet se sentir moins aimé ou victime injustement de différences. Il a l'impression que nous lui portons moins d'attentions. Sa place est difficile. Il ne peut pas suivre l'aîné qui a des droits et des libertés. L'ainé possède des choses attirantes provoquant l'envie et peut-être la jalousie. Le cadet est constamment assisté.

Le plus grand peut en effet sortir en vélo dans tout le village alors que lui n'a l'autorisation que de faire le tour du pâté de maison. Le plus grand a des responsabilités et est chaleureusement félicité de les avoir assumées avec prouesse.
Quant au benjamin, il range sa chambre ou met ses affaires sales dans le bac à linge, ce qui est normal pour ses parents et il n'est pas forcément congratulé ou encouragé.
Et le cadet, il reçoit un trop-plein d'attentions, presque tous les regards sont portés sur lui.

Quelles solutions ?

L'ainé peut avoir sous sa coupe le benjamin pour qu'il puisse sortir dehors dans une zone qui lui est généralement interdite. Si l'essai se passe bien, vous pouvez réitérer cette option.

Le benjamin peut participer aux soins du petit dernier et se rendre coopératif. Cela le valorise d'accomplir des missions. Il se sent fier de jouer le rôle de grand-frère, sans pour autant être l'ainé.

Pour fédérer une bonne ambiance au sein d'une famille, il faut vraiment que chacun se sente existé et chéri quelque soit son rang d'aîné, de benjamin ou de cadet. Ils doivent tous être dignement debout sur le bloc numéro un du podium.

Vous pouvez donc faire une sortie privilégiée avec chacun d'entre eux, à tour de rôle, de temps à autres. La communication, le partage et la complicité n'en seront que plus développés en duo.

Le sentiment pour chacun de jouir d'une exclusivité le temps d'une journée est très bénéfique ! Un enfant a réellement besoin d'avoir de la valeur et de l'importance par la présence et l'attention.

« Les petits garnements » sont d'ailleurs souvent des enfants à qui on n'accorde pas suffisamment de temps. Il faut alors démontrer à l'enfant qu'il fait partie intégrante de la famille. Un enfant a besoin de se sentir considéré, accepté et adoré. Un enfant doit constater qu'il a sa place dans sa famille.

L'intelligence du cœur est fondamentale.

CHAPITRE 10

UNE PREFERENCE

Ce mot est à bannir. L'amour ne doit pas être exclusif en ce qui concerne nos enfants. Nous n'aimerions pas nous-mêmes être injustement délaissées, mises de côté, victimes d'illégitimes différences ou être effacées gratuitement.

Un enfant est une personne à part entière qui a besoin d'une vraie reconnaissance. Chaque bambin doit se sentir accepté, aimé , guidé, soutenu, protégé, tiré vers le haut. Chaque loulou doit pouvoir se construire et s'épanouir. Ce sont vos efforts, vos actions, votre investissement qui transforment votre bébé en un adulte bon et responsable.

Chacun est là car vous avez approuvé que chacun pointe le bout de son nez. Alors il faut assumer la venue de chacun et leur montrer que vous êtes tout autant heureuse et précautionneuse d'élever l'un autant que l'autre.
Les enfants sont très regardants de ce qui est apporté au sein de la fratrie. Un déséquilibre pourrait leur nuire et créer de la jalousie, des conflits, de la distance relationnelle au sein de la fratrie. Une famille est comme une molécule dont chaque atome la constituant est lié et interactif.

Si vous avez l'impression de rejeter un de vos enfants, n'hésitez pas à consulter un psychologue ou un psychiatre pour en connaître les raisons. Ce n'est pas de votre faute. Ce sera tout à votre honneur de faire cette démarche et vous pourrez ainsi rattraper le temps perdu avec votre vilain petit canard, que je suis certaine, vous aimez profondément. Il suffit que votre enfant ressemble trop à votre conjoint avec qui vous avez divorcé d'une façon tumultueuse et houleuse, à cause de traits physiques ou caractériels devenus insupportables, que cet enfant vous a empêché d'accéder à une ascension professionnelle ou à la réalisation d'un exploit par exemple sportif, pour se laisser aller dans le rejet. Votre enfant est peut-être totalement différent de vous au niveau du tempérament et c'est plus fort que vous, vous ne réussissez pas à établir un lien affectif. C'est un peu comme l'œuf du vilain petit canard qui se retrouve dans le nid du cygne majestueux, cela ne matche pas. Vous considérez peut-être cet enfant comme un obstacle à votre propre épanouissement, à votre réalisation de vous-même. Vous l'associez alors peut-être à un échec personnel.

Malheureusement, le rejet fera le même effet sur votre enfant qu'un pesticide sur un coquelicot.

Il est toujours temps de réparer ses erreurs. L'essentiel est de réagir.
La psychologie est très complexe, nous pouvons parfois être tous enfermés dans des schémas compliqués sans en prendre conscience. Cela peut avoir des impacts sur notre façon d'agir pour nous-mêmes et envers les autres. C'est pour cela qu'il est important de prendre du recul en se recentrant sur soi-même. Méditer, faire un check-up de soi peut aider à gérer émotionnellement notre vie et par conséquent nos décisions et nos actes.
Même si vous avez une vie bien remplie, vous devez prendre ce temps. Votre petite famille ne s'en portera que mieux.

CHAPITRE 11

MON ENFANT, CE N'EST PAS POSSIBLE

Ce n'est pas aider son enfant de ne pas accepter qu'il ait pu faire quelque chose de méprisable ou de répréhensible, contraire à vos valeurs morales. Un enfant peut très bien surprendre autant dans le bien que dans le mal. Il ne faut pas oublier qu'un enfant découvre, teste, provoque, apprend, avant de devenir adulte. Il est champion dans de multiples réussites mais il lui arrive également de faire ou de dire des bêtises plus ou moins grosses.

Si vous le soutenez alors qu'il a mal agi, vous l'inciterez à mentir et à croire en son mensonge, devenu la stricte vérité dans sa tête. Si vous voulez que votre enfant ne soit pas élu meilleur mythomane de l'année ou qu'il sache assumer ses responsabilités plus tard dans sa vie d'adulte, il faut être juste.
Etre juste, c'est ce fameux cadre dont nous avons déjà parlé, celui qui impose le respect d'un règlement, des limites à ne pas franchir. C'est démontrer par l'explication que les conséquences de l'acte sont inacceptables. L'enfant doit ressentir du regret et le besoin de s'excuser. Etre juste, c'est punir pour éviter la répétition négative.

L'impunité est à exclure. Si l'enfant ne se sent pas frustré, il ne percevra pas de la même manière par exemple la dangerosité de ses faits ou l'impact avilissant de ses paroles irrespectueuses. Même si cela vous rend triste ou vous fait de la peine de devoir lui confisquer son jouet préféré, ou de le priver de sortie, ou encore de son téléphone portable, c'est un mal pour un bien. Vous n'êtes en aucun cas une méchante mère privative! Vous êtes tout justement une mère bienveillante.

Aussi, un enfant ne doit pas choisir sa punition. Vous lui accorderiez de la puissance et de l'importance dans une situation où il doit se sentir en position de faiblesse pour ne pas recommencer sa bêtise.

Cependant, l'activité physique ou extra-scolaire de votre enfant ne doit pas être interrompue sous prétexte de donner une bonne leçon à votre enfant. Le sport ou les ateliers manuels sont des exutoires et permettent à l'enfant de se dépenser et de se ressourcer, de justement éviter les mauvais débordements.

En conclusion, pour devenir un adulte responsable, qui sait se débrouiller et rebondir, qui sait faire la différence entre le bien et le mal, un enfant doit assumer ses bêtises pour les regretter et ne pas les reproduire. Il faut

« marquer le coup » par la punition privative et l'explication avec des mots explicites bien choisis. Si l'enfant est suffisamment grand, vous pouvez le confrontez à la situation en inversant les rôles « Imagine, tu es maman, ton enfant... Comment réagirais-tu ? »

CHAPITRE 12

COMBINER VIE FAMILALE
ET
VIE PROFESSIONNELLE

Quelle maman n'a jamais ressenti rentrer du travail en fin de journée pour en commencer une nouvelle ? Il est parfois difficile de combiner vie familiale et vie professionnelle.

L'aide aux devoirs est primordiale, de même que le suivi scolaire, pour permettre à nos enfants de maintenir un bon niveau scolaire. L'autonomie est une bonne chose, mais cela ne doit pas nous empêcher d'avoir un regard bienveillant sur la méthodologie de nos enfants dans les apprentissages. S'ils comprennent et mémorisent vite, s'ils maîtrisent toutes les notions du programme abordé, les exercices peuvent être réalisés par eux-mêmes. Mais si un devoir-maison est à rendre car noté ou si un contrôle est prévu, quelle maman n'aurait pas la curiosité de vérifier l'exactitude des écrits, ne serait-ce l'orthographe ou les connaissances ? De même, jeter un petit coup d'œil régulier sur la tenue des cahiers est nécessaire. Cela peut en dire long sur l'écoute de votre enfant en classe et son rapport avec la prise de conscience d'être sérieux pour s'assurer un bel avenir.

On dit aussi qu'il faut laisser l'enfant apprendre de ses erreurs et grandir de ses échecs. Pour ma part, je dirais plutôt qu'il faut que l'enfant assume ses relâchements et son désintérêt, par la communication, la morale, la punition et la privation. En sachant que mon enfant va se jeter dans la gueule du loup, je ne vais pas attendre que le piège se referme sur lui, pour espérer le voir se relever. L'enfant doit trouver ses armes pour arriver à affronter les obstacles de la vie avec force et autonomie, pas en étant constamment assisté. Mais il y a des limites à tout. On ne laisse pas son enfant s'engouffrer dans le pétrin alors qu'on est conscient qu'il sera dans la panade. On l'alerte aussitôt par des signaux évidents et libre à nous de lui transmettre notre expérience et des consignes déjà testées. Il faut dans tous les cas accompagner son enfant et l'épauler pour qu'il garde la tête hors de l'eau, tout en lui faisant confiance.

Attention tout de même à ce que votre compagnon ne vous trouve pas davantage mère qu'épouse. Il ne faut pas perdre de vue que la personne qui marche avec vous main dans la main, sur votre chemin de vie, est votre conjoint. C'est à ses côtés que vous vieillissez. Ne négligez pas votre couple, entretenez la flamme et l'entente.

C'est là qu'intervient le partage des tâches quotidiennes pour s'alléger mutuellement et participer à la vie de famille. L'essentiel est de trouver un bon compromis et parfois de faire des concessions. Soit les deux parents font l'aide aux devoirs, soit l'un s'en charge et l'autre s'attèle aux fourneaux.

Pour éviter les débordements en semaine, il faudrait se forcer à préparer d'avance des menus le week-end, soit juste griffonnés sur la papier afin de ne pas perdre de temps à s'interroger sur le remplissage des assiettes, soit de les réaliser à l'avance, bien conservés dans des boîtes en plastique.

Pour les personnes qui ont un sèche-linge, essayez de plier votre linge tout de suite après. Cela vous évitera de devoir repasser vos vêtements. Pour les autres, il faut bien positionner les vêtements sur le séchoir, et ne pas hésiter à placer les vêtements facilement froissables sur des cintres. Essayez de prendre le pli.

Je sais très bien que quelques fois, ne serait-ce passer un coup d'éponge sur la table, c'est très compliqué tellement nous sommes dévastées par la fatigue ! Tentez de faire juste au mieux et de trouver des astuces personnelles, vous en tirerez des avantages non négligeables qui vous faciliteront la vie. La perfection n'existe pas !

Testez un aspirateur qui aspire, lave et sèche quasiment instantément votre sol en un seul passage ! C'est un allié imbattable dans l'entretien de votre maison ! Je ne regrette pas du tout cet achat incontournable !

N'hésitez pas aussi à prendre des congés pour vous ressourcer et ne penser qu'à vous. Ne culpabilisez pas à prendre des congés hors vacances scolaires.

CHAPITRE 13
RESEAUX SOCIAUX, JEUX EN LIGNE INTERNET

Les réseaux sociaux permettent d'échanger avec les quatre coins de la planète, de communiquer sur des sujets divers et variés, de donner des nouvelles, de partager des connaissances et des savoir-faire, mais aussi des photos.

Via internet, une personne isolée, handicapée, casanière, agoraphobe peut tout de même visiter des musées, parcourir le monde et découvrir d'autres cultures intéressantes.

Mais il y a malheureusement l'envers du décor et ses dérives. Les réseaux sociaux et internet, ce sont aussi des nids de haine, des déchainements de violence, des déferlements de discriminations, des coulées de pornographie, des cascades de moquerie et du harcèlement à profusion.

Il faut absolument contrôler le contenu du téléphone portable et l'historique de l'ordinateur de votre enfant. Mais il faut aussi, avant de donner son accord pour un achat ludique, vérifier le degré de brutalité ou de violence, en accédant à des démonstrations ou à de courtes vidéos. Cela vous permettra de choisir un jeu adapté à l'âge, à la maturité et à la fragilité de votre enfant.

Votre loulou ou votre louloute a bien reçu les préceptes de votre éducation depuis sa plus tendre enfance. Et les autres ? Il ne faut pas non plus oublier qu'un enfant reste un enfant. Il peut être curieux et cachotier en allant consulter un contenu nocif.

Un enfant peut être choqué par la teneur et les significations de certains textes et jeux ou de certaines vidéos. Dans ce cas, il faut dialoguer sans attendre avec votre enfant en le rassurant. Brider son téléphone ou bloquer les interlocuteurs toxiques ou de mauvaise fréquentation et toutes sources nuisibles, est préférable.

Aussi, votre enfant ne doit donner aucune indication sur son identité ou sa localisation à son compagnon de jeux en ligne s'il est inconnu de votre entourage proche.

REMERCIEMENTS

Je remercie tout d'abord mes enfants qui ont été ma source d'inspiration. Un seul prénom est authentique, car tel était le souhait de mon enfant. Sans eux, mon livre n'aurait pas vu le jour. Je les aime à l'infini et de toutes mes forces. Ils sont ma raison de vivre. A eux trois, ils sont ma bougie dans la pénombre, ma boussole dans l'égarement, mon énergie dans l'épuisement.

Je remercie aussi mon mari, père de nos trois enfants, qui m'a soutenue et encouragée. Il a toujours cru en moi.

Je remercie également toutes les personnes qui ont accueilli ce projet avec enthousiasme et apporté leur optimisme.

RESUME

Les gens sont doués pour les faux-semblants. Certains donnent l'apparence d'être des modèles idéaux car ils souhaitent refléter cette image de « famille propre ». Ce n'est que de la poudre aux yeux. Vous ne vivez pas dans le paraître et la recherche de la perfection pour épater la galerie.
Pour avoir des enfants équilibrés et épanouis, rester dans le vrai et l'authenticité est primordial. La vie est un mélange de douleurs et de douceurs, de craintes et de doutes, d'erreurs et d'imperfections. La vie n'est pas un conte de fées avec seulement des joies, d'heureuses surprises, des réussites satisfaisantes et excitantes.
Des couacs dans l'éducation ne font pas désordre. Des périodes avec un moral en dents de scie ne sont pas honteuses. Des épisodes de grand stress ou de perte de contrôle ne sont pas anormaux. Des morceaux de vie un peu décousus ne font pas de vous et de votre famille des êtres affables et répugnants.
Arrêtez de culpabiliser ou de prendre trop à cœur les jugements et vivez pleinement votre magnifique statut de maman !
Imprégnez-vous de mes conseils sains et apaisants, de mes pensées libératrices.
Le maître-mot de « mère » est la bienveillance. Le contraire de « mère » est la perfection.

www.ingramcontent.com/pod-product-compliance
Lightning Source LLC
LaVergne TN
LVHW052104160826
845678LV00015B/3349

* 9 7 9 8 8 4 8 5 4 8 1 3 6 *